SY 영어 리서치

Samyoung Publishing House

외국어를 익힐 때 가장 기본이 되는 것이 어휘라는 사실은 시대를 막론하고 변함없는 사실이다. 다시 말하면 회화 실력은 풍부한 어휘력의 바탕 위에서 이루어진다 해도 과언이 아닐 것이다. 특히 요즘 외국어 학습의 경향은 생활 영어 위주로 자리잡아 가고 있음을 주위에서도 느낄 수 있다.

또한 각종 시험에서는 문법적인 내용보다는 기본적인 어휘력과 독해력을 묻는 문제가 이미 주종을 이루고 있다.

어휘를 학습할 때 무조건 어휘의 뜻을 암기하는 방법의 비효율성을 모두 경험해 보았을 것이다. 따라서 사용 빈도가 높은 단어를 중심으로 문장 속에서 그 단어의 의미가 변화하는 것을 인식하면서 공부하는 방법이 더욱 효과적이다. 모두 3권으로 구성된 이 시리즈는 이러한 목적에 맞추어 구성하였다.

구체적인 장면이나 문맥을 통하여 어휘를 효과적으로 학습할 수 있도록 엮었으며, 일상 생활에서 자주 접하게 되는 120가지 장면을 선정하여 예문과 생생한 그림을 통하여 더욱 쉽게 단어를 익힐 수 있게 하였다.

SY 영어 리서치

이 책의 특징

➕ 현대 영어의 어휘 수는 5십만 단어가 넘는다고 한다. 그러나 그 중 일상 생활에서 말하고, 읽고, 쓰는 데 사용되는 어휘는 고작 2700 단어 정도이다. 이 시리즈에서는 여기서 파생되는 1000여 단어를 첨가해서 수록해 놓았다. 제1권에서는 기본 단어 1000+파생어 300, 제2권에서는 필수 단어 900+파생어 390, 제3권에서는 필수 단어 700+파생어 400으로 모두 3700 단어를 배울 수 있다.

➕ 각 단어마다 간단한 설명과 예문이 있고, 그 장면을 각각 그림으로 구성해 놓았으며 그것을 우리말로 해설하여 학습하는 데 편리하도록 하였다.

➕ 책 내용을 테잎으로 그대로 옮겨놓았기 때문에 테잎만 들어도 단어와 예문이 머리에 저절로 연상된다.

➕ 이 시리즈 세 권을 모두 공부하면 일상 생활에서 사용되는 모든 단어를 익히는 것이 된다. 또한, 제 2권에서는 영어에서 중요한 동사 문형과 형용사 문형에 참고자료가 없는 것을 감안해서 동사 25문형과 형용사 문형을 자세한 예문과 함께 체계화시켜 놓았다.

CONTENTS

CONTENTS

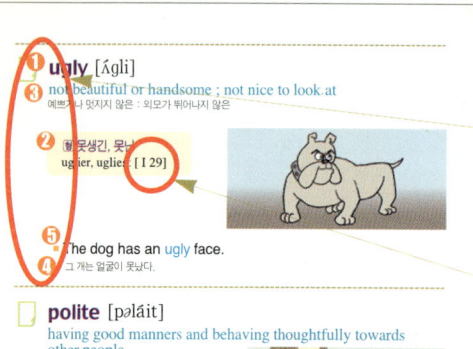

① ② ③ ④ ⑤ ugly [ʌ́gli]

③ not beautiful or handsome ; not nice to look at
예쁘거나 멋지지 않은 ; 외모가 뛰어나지 않은

② 형 못생긴, 못난
uglier, ugliest [I 29]

⑤ The dog has an ugly face.
④ 그 개는 얼굴이 못났다.

이 내용을 ①~⑤의 순서대로 테잎에 그대로 옮겨 놓았습니다. ④번을 한국인 성우가 들려주면 ⑤번을 함께 따라해 보며 영작 연습을 해보세요. 효과 만점입니다.

☐ **polite** [pəláit]

having good manners and behaving thoughtfully towards other people
올바른 예절을 가지고 사려깊게 행동하는

형 예의바른
⊕ impolite 무례한
politeness 명 예절

■ It is polite to let a lady go through a door first.
여자 먼저 문을 지나게 하는 것은 예의바른 일이다.

같은 단어가 다른 뜻으로 다른 곳에서도 사용될 경우, 학습자의 편의를 위해 표기해 놓았습니다. 여기서 〔I-29〕란 제 1권의 29단원을 의미합니다.

반의어와 파생어도 공부해보세요. 기본 단어와 결부된 평균 3개 이상의 단어를 익힐 수 있습니다.

📖 **장 문**

Although Henry comes from a rich family, he is always polite to people. He is not too proud to make friends with people from poor families. Henry's parents taught him that being wealthy does not mean that you are supposed to be rude to people or that you need to be greedy, always wanting to get more of everything. When Henry marries, I hope his wife will also be polite and kind. She will be lucky to have such a good husband.

❋❋ 헨리는 부유한 가정의 출신이지만, 그는 늘 사람들을 정중하게 대한다. 그는 가난한 가정 출신의 사람들을 친구로 사귈 때도 거만하지 않다. 헨리의 부모님들은 그에게 부유하다는 것은 사람들에게 마구 대하거나 갖고 싶은 모든 것을 원하려고 욕심을 부릴 수 있다는 것은 아니라고 가르쳤다. 헨리가 결혼할 때 나는 그의 아내도 역시 예의 바르고 친절하기를 바란다. 그녀에게는 그런 훌륭한 남편을 갖는 것이 행운이 될 것이다. ❋❋

장문(A long article)을 읽고 들으면서 그 단원에서 배운 단어를 총복습합니다.

본문에 나오는 단어 이외에도 주제와 관련된 단어를 한눈에 보기 쉽게 단어장처럼 만들어 놓았습니다.

단어를 그림으로 보여주므로 머릿속에서 사진 찍듯이 기억에 선명하게 남습니다.

---

01 PEOPLE AND FAMILY LIFE
사람과 가족

● The family 가족
a son	아들
a daughter	딸
husband	남편
wife	아내, 처
a grandson	손자
a granddaughter	손녀
an aunt	숙모, 이모
a nephew	조카(남)
a niece	조카(여)
a cousin	사촌
parents	부모, 양친
grandparents	조부모
relatives	친척
a brother-in-law	매부, 처남, 형부
a sister-in-law	형수, 계수, 처제, 시누이

● Marriage 결혼
engaged	약혼한
a fiancé(male)	약혼자(남)
a fiancée(female)	약혼녀
a honeymoon	신혼여행
divorced	이혼한

● People 사람(복수)
a human being	인간
a man	남자
a woman	여자
a lady	숙녀
a gentleman	신사
a baby	아기
a girl	소녀
a boy	소년
a child	자녀, 어린이
(복수 children)	
a teenager	10대
an adult	성인
a couple	한쌍
twins	쌍둥이
a person	사람(단수)
a visitor	방문객
a friend	친구
a stranger	낯선사람, 나그네
a foreigner	외국인
a beggar	걸인, 거지

Father　Bridegroom　Grandmother
Uncle　Grandfather　Bride　Mother　Brother
Neighbor　　　　　　　　　　　Sister

약자 표시

● n.	명	명사		● v.	동	동사 (pt. 과거형, pp. 과거분사)
● adj.	형	형용사		● adv.	부	부사
● prep.	전	전치사		● conj.	접	접속사
● British	영	영국에서 사용하는 용법				

PEOPLE AND FAMILY LIFE
사람과 가족

● The family 가족
- a son   아들
- a daughter   딸
- husband   남편
- wife   아내, 처
- a grandson   손자
- a granddaughter 손녀
- an aunt   숙모, 이모
- a nephew   조카(남)
- a niece   조카(여)
- a cousin   사촌
- parents   부모, 양친
- grandparents   조부모
- relatives   친척
- a brother-in-law 매부, 처남, 형부
- a sister-in-law 형수, 제수, 처제, 시누이

● Marriage 결혼
- engaged   약혼한
- a fiancé(male)   약혼자(남)
- a fiancée(female) 약혼녀
- a honeymoon   신혼여행
- divorced   이혼한

● People 사람(복수)
- a human being 인간
- a man   남자
- a woman   여자
- a lady   숙녀
- a gentleman   신사
- a baby   아기
- a girl   소녀
- a boy   소년
- a child   자녀, 어린이
  (복수 = children)
- a teenager   10대
- an adult   성인
- a couple   한쌍
- twins   쌍둥이
- a person   사람(단수)
- a visitor   방문객
- a friend   친구
- a stranger   낯선 사람, 나그네
- a foreigner   외국인
- a beggar   걸인, 거지

father [아버지]
bridegroom [신랑]
grandmother [할머니]
uncle [삼촌]
grandfather [할아버지]
bride [신부]
mother [어머니]
brother [남동생(형)]
neighbor [이웃사람]
sister [여동생(언니)]

to be born [bɔːrn]

to come into the world from the mother's body
어머니의 몸으로부터 세상에 나오다

형 태어난 (be+pp.)
birth 명 탄생, 출생
birthday 명 생일

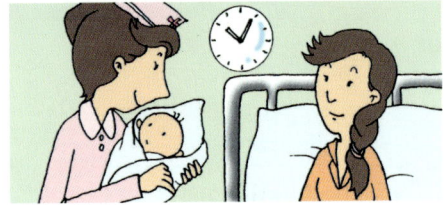

- **The baby was born at 10 p.m.**
  그 아기는 오후 10시에 태어났다.

---

bury [béri]

to place something under the ground and cover it with earth
어떤 것을 땅 속에 넣고 흙으로 덮다

동 묻다
buried (pt.+pp.)
burial 명 매장

- **His grandmother is buried here.**
  그의 할머니는 이곳에 묻히셨다.

---

die [dai]

to stop living
생을 마치다

동 죽다
dead 형 죽은
death 명 사망
dying 형 죽어가는

- **Two people died in the fire.**
  그 화재로 두 명이 죽었다.

grow up [grou ʌp]

to become an adult
성인이 되다

동 성장하다, 자라다
grew up (pt.)
grown up (pp.)

- This is the town where I grew up
  이곳이 내가 자란 도시이다.

love [lʌv]

to have strong feelings of warmth and kindness for someone
어떤 사람에 대해 따뜻하고 친절한 강한 감정을 가지다

동 사랑하다, 귀여워하다
명 사랑
in love 형 사랑에 빠진

- A mother always loves her baby.
  어머니들은 언제나 아기를 사랑한다.

marry [mǽri]

to join a man and woman together as a husband and wife
남녀가 부부로서 결합하다

동 결혼하다, 혼인하다
married (pt.+pp.)
marriage 명 결혼, 혼인

- They were married in the church.
  그들은 교회에서 결혼했다.

fat [fæt]

too large or big because of eating too much
너무 먹어서 몸이 커진

[형] 뚱뚱한, 비만한 (=flesh)
fatter, fattest
[반] slim 홀쭉한

■ He is too fat to sit in the chair.
그 의자에 앉기에 그는 너무 뚱뚱하다.

good-looking [gud lúkiŋ]

having a good appearance
보기 좋은 외모를 가진

[형] 예쁜, 보기 좋은

■ She got the job because she is so good-looking.
그녀는 외모가 뛰어나서 그 직업을 갖게 되었다.

handsome [hǽnsəm]

pleasing and dignified in form or appearance
모습이나 미모가 호감이 가고 품위가 있는

형 잘생긴, 미남인,
　외모가 멋진(주로 남자)

- He was tall, dark and handsome.
　그는 키가 크고 검은 머리에 멋쟁이였다.

old [ould]

not young ; having lived for a long time
젊지 않은 : 오래 살아온

형 늙은, 낡은
older, oldest
age 명 연령, 나이

- The old man was born eighty years ago.
　그 노인은 80년 전에 태어났다.

pretty [príti]

nice-looking and attractive(used for women only)
외모가 뛰어나고 매력적인(여성에게만 사용)

형 예쁜
prettier, prettiest

- She is the prettiest of the three sisters.
　그녀는 세 자매 중에서 제일 예쁘다.

short [ʃɔːrt]

not long or tall
길거나 키가 크지 않은

형 짧은, 왜소한
shorter, shortest

- Her hair is shorter than his.
　그녀의 머리는 그의 머리보다 더 짧다.

shy [ʃai]

not feeling free and comfortable in front of other people
다른 사람 앞에서 편하게 느끼지 않는

형 수줍어하는, 부끄러워
하는
반 self-confident 자신있는

- She was too shy to dance with him.
  그녀는 너무 수줍어서 그와 함께 춤추지 못했다.

slim [slim]

not overweight ; attractively thin
체중이 표준치를 넘지 않는 : 매력적으로 몸이 마른

형 날씬한 (=slender)
slimmer, slimmest

- She keeps slim by exercising.
  그녀는 운동으로 날씬한 몸매를 유지한다.

tall [tɔːl]

higher than is common or usual
보통보다 더 높은

형 키 큰
taller, tallest

- She is taller than her husband.
  그녀는 남편보다 키가 더 크다.

thin [θin]

having very little fat on the body
몸이 살찌지 않은

형 마른
thinner, thinnest [I 29]

■ Her daughter is very thin
그녀의 딸은 너무 말랐다.

ugly [ʌ́gli]

not beautiful or handsome ; not nice to look at
예쁘거나 멋지지 않은 : 외모가 뛰어나지 않은

형 못생긴, 못난
uglier, ugliest

■ The dog has an ugly face.
그 개는 얼굴이 못났다.

young [jʌŋ]

not old
늙지 않은, 나이가 많지 않은

형 젊은, 어린
younger, youngest

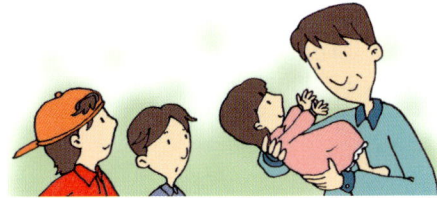

■ His youngest child is a girl.
그의 막내 자녀는 딸이다.

---

greedy [gríːdi]

always wanting more of something, such as food, money, etc.
음식, 돈 등을 늘 더 많이 원하는

형 탐욕스런, 게걸스러운
반 generous 관대한
greed 명 탐욕, 욕망

■ Her husband is very greedy.
그녀의 남편은 매우 욕심이 많다.

---

kind [kaind]

showing feeling and love
감정과 사랑을 보여주는

형 친절한, 상냥한
반 unkind 불친절한
kindness 명 친절

■ He is always kind to animals.
그는 동물들에게 항상 친절하다.

lucky [lʌ́ki]

something good which comes by chance
우연히 닥친 좋은 것(일)

혐 행운의
⊕ unlucky 불운의
luck 명 행운 ⊕ bad luck 불행
luckily 부 운좋게

- She was lucky not to get hurt.
  그녀는 운좋게도 다치지 않았다.

polite [pəláit]

having good manners and behaving thoughtfully towards other people
올바른 예절을 가지고 사려깊게 행동하는

혐 예의바른
⊕ impolite 무례한
politeness 명 예절

- It is polite to let a lady go through a door first.
  여자 먼저 문을 지나게 하는 것은 예의바른 일이다.

poor [puər]

having almost no money and owning very little
돈이 거의 없거나 적게 갖고 있는

혐 빈곤한, 가난한
the poor 명 가난한 사람들
poverty 명 빈곤 [I 5]

- These are the homes of the poor people.
  이 집들은 가난한 사람들의 집이다.

proud [praud]

feeling pleased about something which one has or which one has done 가진 물건이나 한 일에 대해 만족스러워 하는

혐 자랑스러운, 자랑스럽게 여기는
pride 명 자랑, 자존심
proudly 부 자랑스럽게

- He is very proud of his children.
  그는 자녀들을 매우 자랑스럽게 여긴다.

proud [praud]

feeling too pleased with oneself

스스로를 너무 과대 평가하는 감정을 가진

형 거만한, 교만한 (=arrogant)
반 humble 겸손한

■ She is too proud to sit with them.
그녀는 너무 거만해서 그들과 함께 앉지 않는다.

rich [ritʃ]

having a lot of money and possessions

돈과 재산을 많이 가진

형 부유한
the rich 명 부자들

■ When I am rich I shall drive a big car.
나는 부자가 되면 큰 차를 몰 것이다.

rude [ruːd]

not polite and not showing good manners

예의가 없고 좋은 예절을 보여주지 못하는

형 험한, 거친, 무례한
rudely 부 무례하게
rudeness 명 무례함, 실례

■ In some countries it is rude to wear a hat when talking to a lady.
어떤 나라에서는 여자와 이야기할 때 모자를 쓰는 것은 실례이다.

supposed to [səpóuzd tu]

to be expected or required to do something
어떤 행동이 예상되거나 요구되는

형 가정된, 요구되는

- You are not supposed to smoke here.
  여기서는 담배를 피울 수 없다.

wealthy [wélθi]

having a great amount of money and property
많은 돈과 재산을 가진

형 유복한, 부유한
wealth 명 유복

- She is the wealthiest woman in town.
  그녀는 도시에서 가장 부유한 여자이다.

 장 문

Although Henry comes from a rich family, he is always polite to people. He is not too proud to make friends with people from poor families. Henry's parents taught him that being wealthy does not mean that you are supposed to be rude to people or that you need to be greedy, always wanting to get more of everything. When Henry marries, I hope his wife will also be polite and kind. She will be lucky to have such a good husband.

헨리는 부유한 가정의 출신이지만, 그는 늘 사람들을 정중하게 대한다. 그는 가난한 가정 출신의 사람들을 친구로 사귈 때도 거만하지 않다. 헨리의 부모님들은 그에게 부유하다는 것은 사람들에게 마구 대하거나 갖고 싶은 모든 것을 원하거나 욕심을 부릴 수 있다는 것은 아니라고 가르쳤다. 헨리가 결혼할 때 나는 그의 아내도 역시 예의 바르고 친절하기를 바란다. 그녀에게는 그런 훌륭한 남편을 갖는 것이 행운이 될 것이다.

---

angry [ǽŋgri]

having very strong feelings against somebody or something
어떤 사람이나 일에 대해 좋지 않은 강한 감정을 가진

형 화난, 노한
anger 명 분노
angrily 부 성이 나서

- People fight when they are angry.
  사람들은 화가 났을 때 싸운다.

---

boring [bɔ́ːriŋ]

causing one to feel tired through not being interested in something
어떤 것에 대해 흥미를 돋구지 못함으로써 지루함을 느끼게 하는

형 싫증나게 하는, 지루한
bored 형 싫증난
boredom 명 지루함
a bore 명 지겹게 하는 사람

- She finds the violin boring.
  그녀는 그 바이올린이 시원찮은 것을 안다.

glad [glæd]

to feel pleased or happy about something

어떤 일에 대해 즐거움과 행복을 느끼는

형 기쁜
gladness 명 기쁨

- He was glad to read the letter.
  그는 그 편지를 읽고 기뻐했다.

grateful [gréitfəl]

to show or feel thanks for something

어떤 일에 고마움을 나타내거나 느끼는

형 감사하는
반 ungrateful 감사하지 않는
gratitude 명 감사하는 마음

- She was grateful to him for helping her.
  그녀는 그가 도와준 것에 대해 고마워했다.

happy [hǽpi]

feeling or showing pleasure

기쁨을 느끼거나 나타내는

형 행복한, 기쁜
반 unhappy 불행한
happiness 명 행복

- She was very happy when he asked her to marry him.
  그녀는 그가 결혼해 달라고 했을 때 매우 기뻤다.

jealous [dʒéləs]

the feeling we have when we think someone we love, loves another person more than us

우리가 사랑하는 사람이 다른 사람을 더 사랑할 때 느끼는 감정

형 질투하는
jealousy 명 질투

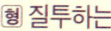

- The woman was jealous of her husband.
  그 여자는 그녀의 남편에게 질투심을 느꼈다.

lonely [lóunli]

a feeling of missing one's friends and of being alone
혼자 있으면서 친구들을 그리워하는 감정

[형] 외로운, 고독한
loneliness [명] 고독, 외로움
alone [형] 혼자서

- It is lonely to work on a lighthouse.
  등대에서 일하는 것은 외롭다.

sad [sæd]

to feel unhappy
불행을 느끼는

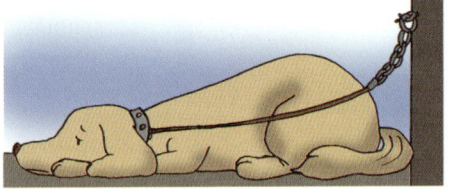

[형] 슬픈
sadness [명] 슬픔
sadly [부] 슬프게

- This dog looks very sad.
  이 개는 매우 슬퍼 보인다.

sorry [sɔ́(ː)ri]

to feel sad about something that has happened or that we have done
이미 일어난 일이나 한 일에 대해 유감을 느끼다

[형] 가엾은, 유감인 (=regretful)
sorrow [명] 슬픔

- She said she was sorry she had broken it.
  그녀는 그녀가 그것을 깨뜨렸을 때 유감이라고 말했다.

surprised [sərpráizd]

the way we feel when something happens suddenly and unexpected
예상치 못한 일이 갑자기 일어났을 때 느끼는 감정

[형] 놀란

surprise [명] 놀람
surprising [형] 놀라운, 뜻밖에

- He got a surprise when he opened the box.
  그는 상자를 열었을 때 놀랐다.

 장 문

My neighbors have two young children. It is nice to have two children of the same age because they never feel bored. A child on its own often feels lonely, and is happier when he has someone of his own age to play with. However children also like to fight. They are quick to get angry with each other, and if one child is given something, don't be surprised if the other one gets jealous. I am sorry that I had no brothers or sisters when I was young but I was never sad as a child. I am grateful that I had parents who were always kind to me.

✚✚ 나의 이웃은 두 자녀를 갖고 있다. 동갑내기 자녀들을 갖는 것은 그들이 절대 지루함을 느끼지 않아서 좋다. 혼자 있는 어린이는 종종 외로움을 느끼지만, 그와 함께 놀아줄 동갑내기가 있을 때 더욱 즐거워한다. 그러나 어린이들은 싸우기도 좋아한다. 그들은 서로에게 쉽게 화를 내며, 한 어린이에게 무엇인가가 주어지면 다른 어린이가 질투를 하건 말건 상관치 않는다. 나는 어렸을 때 형제자매가 없었던 것이 유감이지만 슬프지는 않았었다. 나는 늘 나에게 잘해준 부모님을 가졌던 것에 감사드린다. ✚✚

bad [bæd]

not good
좋지 않은

형 나쁜, 못된
worse, worst

■ A bad boy should be punished.
못된 아이는 혼내 주어야 한다.

beautiful [bjúːtifəl]

having qualities that delight the senses, especially the sense of sight
감각, 특히 시각을 즐겁게(기쁘게) 하는

형 아름다운
beauty 명 아름다움

■ She wore a beautiful dress.
그녀는 아름다운 옷을 입었다.

24

dull [dʌl]

not interesting
재미없는

[형] 머리가 둔한, 무딘, 지루한
dullard [명] 둔한 사람, 멍청이

- He found the play very dull.
  그는 그 연극이 매우 시시한 것을 알았다.

fair [fɛər]

right and reasonable
옳고 합리적인

[형] 공평한, 깨끗한
[반] unfair 불공평한, 불순한

- It is not fair to feed one and not the other.
  하나에게만 먹이를 주고 다른 것에는 주지 않는 것은 불공평하다.

fun [fʌn]

a source of enjoyment, amusement, or pleasure
재미, 유쾌함과 기쁨을 가져다 주는 것

[명] 재미, 장난
funny [형] 익살맞은, 우스운

- It is fun to play cards.
  카드 놀이는 재미있다.

good [gud]

having qualities that are liked, wanted or pleasing
좋아하게 되고, 원하거나 즐겁게 되는 요소를 가진

[형] 좋은, 우수한
better, best [II 5]

- The hat looked very good on her.
  그 모자는 그녀에게 아주 잘 어울렸다.

lovely [lʌ́vli]

nice, beautiful and likeable
멋지고 아름다우며 좋아할 요소가 있는

[형] 사랑스러운
lovelier, loveliest
lovelily [부] 사랑스럽게

- The garden looks lovely at this time of the year.
  그 정원은 매년 이맘 때면 멋져 보인다.

nice [nais]

pleasant and enjoyable
유쾌하고 즐거운

[형] 좋은, 훌륭한
nicer, nicest
nicely [부] 멋지게

- She thought the cake tasted nice.
  그녀는 그 케이크가 아주 맛있다고 생각했다.

pity [píti]

to feel sorry for the troubles of another person
다른 사람의 불행에 대해 유감스러워 하다

[동] 동정하다
[명] 동정, 연민
pitiful [형] 측은한, 딱한, 불쌍한

- It is a pity it rained on her wedding day.
  그녀의 결혼식날 비가 온 것은 딱한 일이다.

poor [puər]

of low quality
질이 낮은

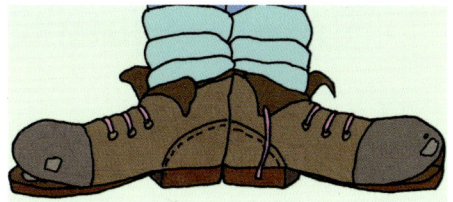

[형] 가난한, 저질의

poorer, poorest [ㅣ3]
poorly [부] 한심하게, 저속
하게

- The shoes were poorly made.
그 구두는 형편없게 만들어졌다.

 장 문

Children get a lot of fun from toys and games. Life would be very dull for a child if he or she did not have lots of nice toys to play with, and it is good for children to keep themselves busy playing on their own. But it is a pity that many children's toys are badly made. I gave my niece a beautiful doll last month. She thought it was very lovely until its head fell off a few days later. It is not fair to young children to sell badly made toys in the shops.

✛✛ 어린이들은 장난감과 게임에서 많은 재미를 느낀다. 만약 갖고 놀 좋은 장난감이 없다면 어린이에게는 재미없는 생활이 될 것이다. 그리고 어린이들이 장난감을 가지고 바쁘게 논다는 것은 그들에게 좋은 일이다. 그러나 딱하게도 많은 어린이 장난감들은 조악하게 만들어진다. 나는 지난 달 조카에게 예쁜 인형 하나를 주었다. 그 애는 며칠 후 그것의 목이 떨어져 나갈 때까지는 그 인형이 아주 사랑스럽다고 생각했다. 가게에서 조악하게 만들어진 장난감들을 어린이에게 파는 것은 옳지 못하다. ✛✛

behave [bihéiv]

the way we act towards things and people
사람이나 일에 대해 행동하는 방법

동 행동하다
behavior 명 행동
misbehave 동 잘못하다

- She always behaves like that when she is angry.
  그녀는 화났을 때는 항상 저렇게 행동한다.

care about [kɛəɾ əbáut]

to be interested in or to worry about something and to have a feeling for it
어떤 일에 관심을 갖거나 걱정을 하다

동 관심을 갖다, 신경쓰다

- She never seems to care about her hair.
  그녀는 그녀의 머리에 대해 전혀 관심이 없는 것 같다.

cry [krai]

to let tears come from one's eyes as a result of sadness or happiness

슬픔이나 기쁨으로 인해 눈물을 흘리다

동 울다, 소리지르다
cried (pt.)
crying 형 부르짖는, 울부짖는

- The girl cried.
그 소녀는 울었다.

dream [driːm]

to imagine something while sleeping

자는 동안 어떤 영상을 그리다(상상하다)

동 꿈을 꾸다
명 꿈
dreamed or dreamt (pt.+pp.)

- She often dreamed of getting married.
그녀는 종종 결혼하는 꿈을 꾼다.

help [help]

to make something easier for someone by doing part of the work for him. 누군가를 위해 어떤 일의 일부를 함으로써 쉽도록 만들어주다

동 돕다 / 명 도움
helpful 형 도움되는, 이로운
반 helpless 무력한, 도울 수 없는

- The man helped her climb onto the horse.
그 남자는 그녀가 말타는 것을 도왔다.

kiss [kis]

to show strong love or feeling by touching with the lips

입술을 댐으로써 강한 사랑이나 감정을 나타내다

동 입 맞추다, 키스하다
명 키스, 입맞춤

- He kissed his wife good-bye.
그는 그의 아내에게 작별 키스를 했다.

laugh [læf]

the sound and movement of the mouth which we make to
show amusement or happiness

사람들이 즐겁고 행복할 때 입에서 나는 소리와 입의 움직임

> 동 웃다
> 명 웃음(소리)
> laughter 명 웃음(소리)

- Did you laugh at this picture?

  당신은 이 그림을 보고 웃었습니까?

let [let]

to allow or to make possible

허락하거나 가능하게 하다

> 동 ~을 하도록 시키다
> let (pt.+pp.)

- He will not let his wife smoke.

  그는 그의 아내에게 담배를 못 피우게 할 것이다.

look after [luk ǽftər]

to take care of

보살피다

> 동 돌보다, 보살피다

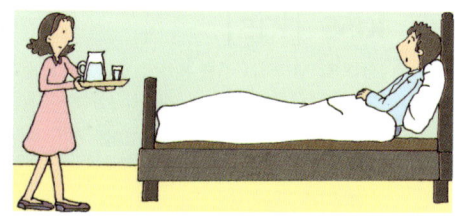

- She looked after him when he was ill.

  그녀는 그가 병이 났을 때 보살펴주었다.

respect [rispékt]

to behave politely towards someone because of their age or position 어떤 사람의 나이나 지위 때문에 예의 바르게 행동하다

동 존경하다
명 경의
respectable 형 존경할 만한
respected 형 훌륭한

- He bowed down to show his respect
  그는 절을 해서 존경심을 보였다.

smile [smail]

a look on one's face showing pleasure or happiness
즐거움이나 기쁨을 나타내는 얼굴 표정

동 미소 짓다
명 미소
반 scowl 찌푸린 얼굴 ; 얼굴을 찡그리다

- "Smile please!"
  "자, 웃어 봐!"

worry [wə́:ri]

to feel unhappy in the mind because of something
어떤 일로 인하여 마음의 불편함을 느끼다

동 걱정하다
명 걱정
worried 형 걱정하는

- She was worried about her baby's health.
  그녀는 아기의 건강이 염려스러웠다.

07 LIKES AND DISLIKES
좋아하는 것과 싫어하는 것

 annoy [ənɔ́i]

to cause someone or something to be angry
어떤 사람이나 어떤 것을 화나게 하다

동 화나게 하다, 괴롭히다
annoying 형 짜증나는, 성가신

- Please don't annoy the dog.
  개를 괴롭히지 마라.

enjoy [indʒɔ́i]

to get happiness and pleasure from something
어떤 것으로부터 기쁨이나 즐거움을 얻다

동 즐기다
enjoyment 명 즐거움, 쾌락
enjoyable 형 즐거운, 유쾌한

- He enjoys watching television.
  그는 TV 보는 것을 즐긴다.

hate [heit]

to have a strong feeling of not liking something
어떤 것을 좋아하지 않는 강한 감정을 가지다

> 통 미워하다
> hatred 명 증오, 혐오

- Cats hate water.
  고양이는 물을 싫어한다.

interest [íntərist]

to cause a feeling of wanting to know about something
어떤 것에 대해 알고자 하는 감정을 일으키다

> 통 흥미를 일으키다
> 명 흥미
> interesting 형 재미있는

- He is interested in music.
  그는 음악에 관심이 있다.

like [laik]

to enjoy or get pleasure from something
어떤 것을 즐기거나 즐거움을 얻다

> 통 좋아하다 / 명 기호, 좋아함
> 반 dislike 싫어하다 ; 싫어함

- She likes dancing.
  그녀는 춤추기를 좋아한다.

love [lʌv]

to have a strong liking for something
어떤 것을 좋아하는 강한 감정을 가지다

> 통 사랑하다, 아주 좋아하다
> 명 사랑 [I 1]

- She loves eating.
  그녀는 먹는 것을 아주 좋아한다.

miss [mis]
to feel the absence or lack of
어떤 것이 없음(부재)이나 부족을 느끼다

> 동 그리워하다, 보고 싶
> 어 하다 (=yearn for)

- He misses his family when he is away.
  그는 멀리 떠나 있을 때 가족을 그리워한다.

---

please [pliːz]
to make glad
기쁘게 하다

> 동 기쁘게 하다
> pleased 형 기쁜, 즐거운
> pleasure 명 즐거움, 기쁨
> [I 18]

- She is very pleased with her new dress.
  그녀는 그녀의 새옷에 아주 만족스러워 했다.

---

prefer [prifə́ːr]
to like one thing better than another
어떤 것을 다른 것보다 더 좋아하다

> 동 ~을 더 좋아하다
> preference 명 편애
> preferable 형 오히려 더
> 나은, 바람직한

- Do you prefer tea or coffee?
  차를 드시겠습니까, 커피를 드시겠습니까?

tired of [taiərd əv]

to dislike something because of having enough or too much of it

어떤 것을 충분히 먹거나 너무 많이 먹어서 좋아하지 않는

형 질린

- He is tired of eating bananas.

  그는 바나나 먹는 것에 질렸다.

 장 문

I like travelling to different countries. I never get tired of staying in hotels and eating in restaurants. I am interested in meeting different people and I enjoy writing letters to my friends in different places. Sometimes I travel by plane but I prefer to travel by boat. Last year I went to Tokyo and although I hated the Tokyo traffic I enjoyed my holiday very much. Japanese food is very nice and I didn't miss western food at all. The only thing that annoys me about travelling is carrying heavy bags from one place to another.

✚✚ 나는 다른 나라로 여행하는 것을 좋아한다. 나는 호텔에서 머무는 것과 식당에서의 식사에 절대 질리지 않는다. 나는 여러 사람들을 만나는 것에 관심이 있으며 여러 곳에서 친구들에게 편지쓰기를 좋아한다. 때로는 항공 여행을 하지만 나는 배 여행을 더 좋아한다. 작년에는 도쿄에 갔었는데 그곳의 교통 혼잡은 싫었지만 휴가는 재미있게 보냈다. 일본 음식은 아주 맛있었으며 서양 음식이 전혀 먹고 싶지 않았다. 여행할 때 나를 괴롭힌 단 한 가지는 이곳 저곳으로 무거운 가방들을 옮기는 것이었다. ✚✚

head
〔머리〕

eyes
〔눈〕

nose
〔코〕

cheeks
〔빰〕

mouth
〔입〕

teeth
〔이, 치아〕

chin
〔턱〕

throat
〔목〕

breasts
〔가슴〕

arms
〔팔〕

hands
〔손〕

thumb
〔엄지손가락〕

fingers
〔손가락〕

nails
〔손톱〕

legs
〔다리〕

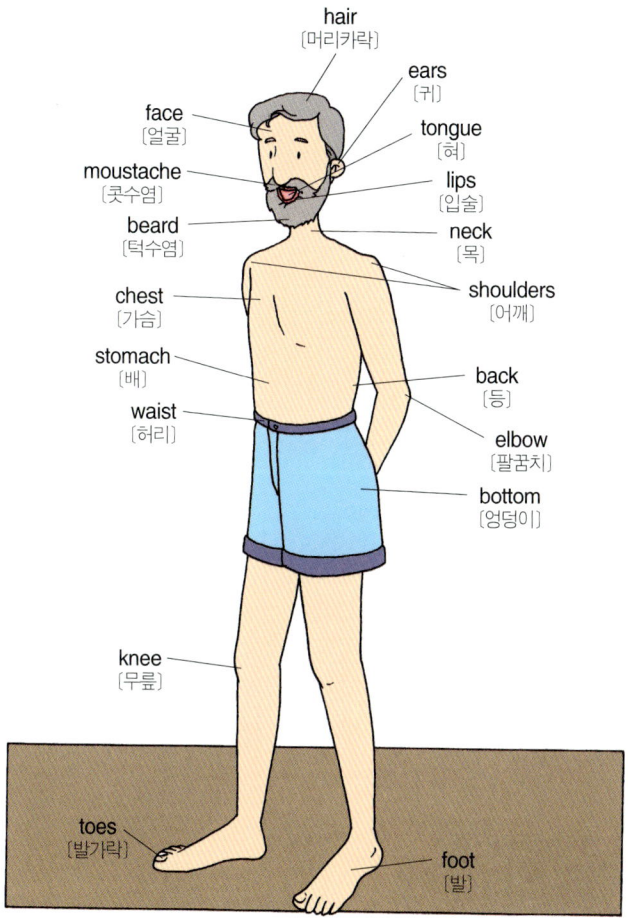

hair
[머리카락]

ears
[귀]

face
[얼굴]

tongue
[혀]

moustache
[콧수염]

lips
[입술]

beard
[턱수염]

neck
[목]

shoulders
[어깨]

chest
[가슴]

stomach
[배]

back
[등]

waist
[허리]

elbow
[팔꿈치]

bottom
[엉덩이]

knee
[무릎]

toes
[발가락]

foot
[발]

· blood	피, 혈액	· heart	심장	· mind	마음
· bone	뼈	· jaw	턱	· muscles	근육
· brain	뇌, 두뇌	· liver	간장	· skin	피부
· complexion	안색	· lungs	폐	· soul	영혼
· flesh	육체	· memory	기억	· voice	목소리

breathe [briːð]
to take air in or out of the body through the nose
코로 공기를 들이 마시고 내쉬다

동 호흡하다
breath 명 숨, 호흡

- A fish can breathe in water.
  물고기는 물 속에서 숨쉴 수 있다.

feel [fiːl]
to touch something, usually with the hands
대개 손으로 어떤 것을 만지다

동 만지다
felt (pt.+pp.)

- The doctor felt his throat.
  의사는 그의 목을 만졌다.

38

feel [fiːl]

to be aware of something or to experience something
어떤 것을 깨닫거나 경험하다

[동] 느끼다
felt (pt.+pp.)
a feeling [명] 감정

- She felt sad.
  그녀는 슬픔을 느꼈다.

hear [hiər]

to be aware of sounds through the ears
귀를 통하여 소리를 알아듣다

[동] 듣다
heard (pt.+pp.)
hearing [명] 듣기, 청취

- He could not hear very well.
  그는 잘 들을 수 없었다.

look [luk]

to seem or appear
보이거나 나타내다

[동] 보이다
[명] 외견, 모양

- The man looks tired.
  그 남자는 피곤해 보였다.

look at [luk ət]

to turn towards ; to use one's eyes to see
조사하다 : 보기 위해 눈을 사용하다

[동] 바라보다

- He looked at the map.
  그는 지도를 보았다.

relax [rilǽks]

to feel free from worry or work through amusement or pleasure
걱정으로부터 해방되거나 즐거움이나 기쁨 속에서 일하다

통 쉬다, 휴식하다
relaxation 명 휴식

■ Watching television is a good way to relax.
TV 시청은 휴식하는 좋은 방법이다.

---

see [siː]

to be aware of something through the eyes
어떤 것을 눈을 통해 깨닫다

통 보다
saw (pt.) seen (pp.)

■ He saw someone outside the window.
그는 창밖에 있는 어떤 사람을 보았다.

---

sleep [sliːp]

what happens to us when we relax and we close our eyes
우리가 눈을 감고 쉴 때 일어나는 것

통 자다
명 잠, 수면
slept (pt.+pp.)
asleep or sleeping
형 잠자고 있는

■ He went to sleep after eating dinner.
그는 저녁식사 후 잠이 들었다.

touch [tʌtʃ]
to come into contact with something using the body
신체를 사용해서 어떤 것을 만지다

동 대다, 만지다
명 접촉, 촉감

- The monkey touched her nose.
  원숭이는 그녀의 코를 만졌다.

---

wake up [wéik ʌp]
to stop sleeping
잠을 그만 자다

동 잠을 깨다
woke up (pt.)
awake 형 깨어난

- The dog woke him up.
  개가 그를 깨웠다.

---

watch [wɑtʃ]
to keep looking at something
어떤 것을 계속(오래) 보다

동 지켜보다, 주시하다
명 조심, 경계, 주의
watchful 형 조심스러운,
주의 깊은

- The children like to watch the goldfish.
  어린이들은 금붕어 보기(감상)를 좋아한다.

come [kʌm]

to move towards a person or place
어떤 사람이나 장소를 향하여 움직이다

동 오다, 가다
came (pt.) come (pp.)

- When he called, the dog came to him.
  그가 불렀을 때, 개는 그에게 갔다.

do [duː]

to perform an action
행동을 하다

동 하다
does, doing (v.)
did (pt.) done (pp.)

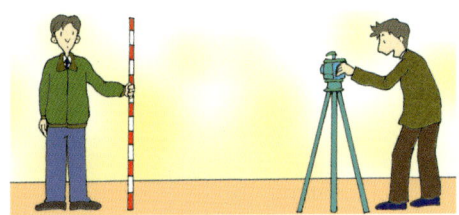

- What is this man doing?
  이 남자는 무엇을 하고 있습니까?

go [gou]

to move away from one place to another
한 장소로부터 다른 장소로 떠나가다

동 가다
went (pt.) gone (pp.)

■ He is going to London.
그는 런던으로 가는 중이다.

run [rʌn]

to move rapidly forward using the legs
다리를 사용해서 앞으로 급히 움직이다

동 달리다, 뛰다
ran (pt.) run (pp.)

■ He ran to catch the bus.
그는 버스를 잡기 위하여 달렸다.

sit [sit]

to rest the body on a chair, etc. with the back up straight
의자 등에 등을 기대고 몸을 쉬다

동 앉다
sat (pt.+pp.)

■ The chair broke when he sat on it.
그 의자는 그가 앉았을 때 부서졌다.

stand [stænd]

to put the body in an upright position supported by the feet
발에 의해 기립 자세의 몸을 두다

동 서다
stood (pt.+pp.)

■ The bus was full so they had to stand.
버스가 꽉 차서 그들은 서 있어야만 했다.

stop [stɑp]

to come to a position of not moving or doing anything
움직이지도 어떤 것을 하지도 않는 위치가 되다

동 정지하다, 멈추다
명 정지
bus stop 명 버스 정류장

- The car stopped at the traffic light.
  그 차는 신호등에서 멈췄다.

turn [təːrn]

to move something around so that it is facing a different way
다른 쪽을 향하도록 돌다

동 회전하다, 돌다
명 회전, 순서
turning 명 회전, 선회

- He turned around to see who was following him.
  그는 누가 그를 따라오는지 보려고 고개를 돌렸다.

wait [weit]

to remain in one place until something happens which one is expecting 예상되는 일이 일어날 때까지 한 장소에 남아 있다

동 기다리다
명 기다림, 기다리는 시간

- They waited at the corner for the bus.
  그들은 모퉁이에서 버스를 기다렸다.

walk [wɔːk]

to move oneself forward on foot
발을 사용해서 앞으로 움직이다

통 걷다
명 걷기, 보행

■ He always walks to work.
그는 늘 직장에 걸어간다.

 장 문

The train goes from the city to the mountain. It stops at a number of interesting places on the way. If you want to travel on the train the best thing to do is to go to the station and buy your ticket a few days before. The station is always very busy with people waiting to buy tickets and running to get a seat. Usually there are enough seats on the train for everyone to sit down but sometimes you might have to stand. There is plenty of room to walk about inside the train and when the train comes to a station you can get off and buy something to eat. When the train gets to the top of the mountain it turns around and comes down again.

✚✚ 그 기차는 도시에서 산으로 운행한다. 그것은 도중에 많은 흥미있는 장소에 정차한다. 만약 당신이 기차로 여행하고자 한다면 가장 중요한 일은 며칠 전에 역으로 가서 표를 사두는 것이다. 그 역은 늘 표를 사려는 사람들과 자리를 잡으려고 뛰는 사람들로 몹시 바쁘다. 대개는 모든 사람들이 앉을 만큼의 의자가 있지만 때로는 서서 가야만 할 수도 있다. 차 내에는 돌아다닐 수 있는 충분한 공간이 있으며, 열차가 역에 도착하면 내려서 먹을 것을 살 수 있다. 기차가 산의 정상에 도착하면 돌아서 다시 내려온다. ✚✚

11 ACTIONS
행 동

---

catch [kætʃ]
to stop and take something using the hands
손을 사용해서 어떤 것을 정지시키거나 붙잡다

동 잡다
caught (pt.+pp.) [Ⅱ 13]

- He jumped up and caught the ball.
  그는 점프해서 공을 잡았다.

---

close [klouz]
to shut
닫다

동 닫다 (=shut)
반 open 열다

- He closed the window.
  그는 창문을 닫았다.

drop [drɑp]

to let something fall or to fall
어떤 것을 떨어지게 하다

> 동 떨어뜨리다
> dropped or dript (pt.+pp.)
> drip 명 물방울 / 동 물방울이 떨어지다

- She dropped the tray.
  그녀는 쟁반을 떨어뜨렸다.

fall [fɔːl]

to drop down freely
멋대로 떨어지다

> 동 떨어지다
> fell (pt.) fallen (pp.)

- He fell down the stairs.
  그는 계단에서 떨어졌다.

open [óupən]

to move or release something from a closed position
어떤 것을 닫힌 상태에서 풀다

> 동 열다
> 형 열린
> 반 close or shut 닫다

- He opened the door.
  그는 문을 열었다.

pick up [pik ʌp]

to take up something, usually with the hands
대개 손을 사용해서 어떤 것을 들어올리다

> 동 들어올리다, 집어들다

- He picked up the book.
  그는 그 책을 집어들었다.

Movements and Actions

47

put [put]

to place something in a certain position
어떤 것을 어떤 장소에 위치시키다

> 동 착용하다
> put (pt.+pp.)

- She put on her hat.
  그녀는 모자를 썼다.

---

show [ʃou]

to demonstrate
시범을 보이다

> 동 보여주다, 가르쳐 주다
> shown (pp.) [Ⅲ 34]

- He showed them how to work the TV set.
  그는 그들에게 TV 켜는 방법을 가르쳐 주었다.

---

step on [step ən]

to place the foot on or over something
어떤 것 위에 발을 놓다

> 동 밟다
> stepped on (pt.)

- He stepped on the cat's tail.
  그는 고양이 꼬리를 밟았다.

take [teik]

to carry something away from a place
어떤 것을 어떤 장소로부터 나르다

图 가져가다 (오다)
took (pt.) taken (pp.)
[I 32]

- Take these to the post office.
  이것들을 우체국으로 가져가라.

 장 문

A cat is a good household pet, because cats catch rats and mice. They are friendly and quiet and they always keep themselves clean. Cats show they are happy by making a soft noise called 'purring'. They make a different noise when they are hungry or when you step on their tail. You can pick up a cat by the back of its neck, and this is how the mother cat takes her young babies from one place to another. If you drop a cat onto the ground or if it falls from a tree it always lands on its feet. If you have a cat you should put a box in a corner of the house for the cat to sleep in. When the cat knows you and feels safe it will always come back to your house. Keep a small window at the back of the house open and never close it and the cat will be able to come and go when it wants to.

고양이는 좋은 애완 동물이다. 왜냐하면 고양이는 쥐를 잡을 수 있기 때문이다. 그들은 싹싹하고 조용하며 그들의 몸을 늘 깨끗이 유지한다. 고양이들은 그들이 즐겁다는 것을 "야옹" 소리를 부드럽게 냄으로써 나타낸다. 고양이는 배고플 때나 당신이 꼬리를 밟았을 때 서로 다른 소리를 낸다. 고양이는 뒷목을 잡아서 들어올려야 한다. 이 방법이 어미가 새끼를 다른 곳으로 옮기는 방법이다. 땅에 떨어뜨리거나 나무에서 떨어질 때는 언제나 발로 착지한다. 만일 고양이를 키우려고 한다면 고양이가 들어가서 잘 수 있도록 상자를 집의 한구석에 두어야 한다. 고양이가 당신을 알아보고 안전하다고 느끼면 언제나 당신의 집으로 돌아올 것이다. 집 뒤에 작은 창문을 열어두고 절대로 닫지 마라. 그러면 고양이는 언제고 원할 때면 들어오고 나갈 수 있다.

careful [kέərfəl]

doing something with thought and attention
생각과 주의를 기울여 어떤 일을 하는

형 주의 깊은

반 careless 부주의한
care 명 주의, 관심

■ He walked across the bridge carefully.
그는 조심해서 다리를 건넜다.

fast [fæst]

quick ; not slow
빠른 : 느리지 않은

형 빠른
부 빠르게
faster, fastest

■ A horse can run faster than a dog.
말은 개보다 더 빨리 달릴 수 있다.

lift [lift]

to move or raise something to a higher position
어떤 것을 더 높은 장소로 움직이거나 올리다

동 들어올리다 (=raise)
명 들어올리기, 오르기
ski lift 명 (skier를 나르는) 리프트

- She lifted the child up into the air.
  그녀는 아이를 공중으로 들어올렸다.

move [muːv]

to change the place or position of something
어떤 것의 장소나 위치를 바꾸다

동 움직이다
movement 명 움직임

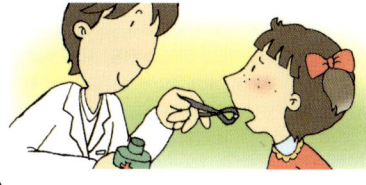

- He moved his chair closer to the table.
  그는 그의 의자를 테이블 가까이로 옮겼다.

pull [pul]

to move something towards one using force
어떤 것을 힘을 사용해서 어떤 쪽으로 움직이다

동 잡아당기다, 끌다

- The dentist pulled out her tooth.
  의사는 그녀의 이를 뽑았다.

push [puʃ]

to move something forward by forcing from behind
어떤 것을 힘을 써서 뒤에서 앞으로 움직이다

동 밀다, 밀치다
push button 명 (벨, 컴
퓨터 등의) 누름 단추

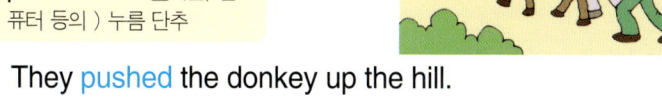

- They pushed the donkey up the hill.
  그들은 당나귀를 언덕으로 밀어올렸다.

quick [kwik]

moving fast
빠르게 움직이는

> 형 빠른
>
> quicker, quickest
> **quickly** 부 빠르게

- He swam as quickly as he could.
  그는 그가 할 수 있는 한 빠르게 수영했다.

---

slow [slou]

not quick
빠르지 않은

> 형 느린
>
> slower, slowest
> **slowly** 부 느리게

- A snail moves slowly.
  달팽이는 느리게 움직인다.

---

still [stil]

not moving and without any sound
아무 소리도 안 내고 움직이지도 않는

> 형 조용한, 침묵을 지키는
>
> 반 quiet (소리가) 조용한

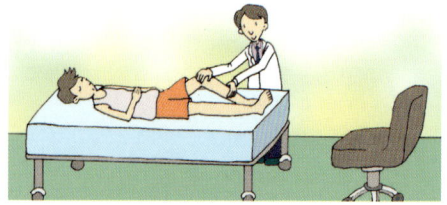

- He kept still while the doctor looked at his leg.
  그는 의사가 그의 다리를 진찰하는 동안 가만히 있었다.

throw [θrou]

to move something through the air using the hands
어떤 것을 손을 사용해서 공중으로 움직이다

동 던지다
threw (pt.) thrown (pp.)

- He threw the ball to the boy.
  그는 그 소년에게 공을 던졌다.

 장 문

Animals which eat other animals get their food in different ways. Some animals can run very fast and kill other animals by running after them. The cheetah is one of the world's fastest animals and catches small animals in this way. The lion cannot run as fast as the cheetah. When it sees some animals eating, it pushes itself slowly through the grass. It lies still for a long time and is careful not to move or lift its head. Then when it is close enough it moves quickly, throwing itself on the animal and killing it. It may eat the animal there or pull it away to eat somewhere else.

✚✚ 다른 동물을 잡아먹는 동물들은 각기 다른 방법으로 먹이를 구한다. 어떤 동물들은 매우 빨리 달려 다른 동물들을 추적하여 죽일 수 있다. 치타는 세상에서 가장 빠른 동물 중 하나이며 이러한 방법으로 작은 동물들을 잡는다. 사자는 치타만큼 빠르게 달리지 못한다. 사자는 다른 동물이 먹는 것을 보면 숲 사이로 살금살금 다가간다. 그것은 오랫동안 가만히 엎드려 있으며 움직이거나 머리를 들지 않도록 주의한다. 그리고 나서 충분히 가까워졌을 때 동물에게 내달아서 죽인다. 그것은 그곳에서 그 동물을 먹기도 하며 그것을 옮겨서 다른 곳에서 먹기도 한다. ✚✚

13

PREPARING AND DESCRIBING FOOD
식사 준비와 음식 묘사

---

 boil [bɔil]

to bring a liquid to its hottest temperature
액체를 가장 뜨거운 온도가 되게 하다

[동] 끓이다
boiling [형] 끓는
a boiler [명] 보일러, 끓이는 그릇

■ The water was boiling.
물이 끓고 있었다.

---

cook [kuk]

to prepare food by heating it
가열해서 음식을 만들다

[동] 요리하다
a cook [명] 요리사

■ She put the food on the stove to cook.
그녀는 요리하기 위하여 음식을 스토브 위에 놓았다.

cut [kʌt]

to make a division in something or to take off a part of
something using a knife, scissors, etc.
칼 · 가위 등을 사용해서 어떤 것을 작은 조각으로 만들다

동 자르다
명 절단
cut (pt.+pp.)

- The butcher cut up the meat.
  정육점 주인은 그 고기를 잘랐다.

delicious [dilíʃəs]

having a very nice taste or smell
좋은 맛이나 향기를 가진

형 맛있는
반 unpalatable 맛이 없는

- The cake tasted delicious.
  그 케이크는 맛있었다.

fry [frai]

to cook something in oil
어떤 것을 기름에 넣고 요리하다

동 튀기다
fried (pt.+pp.)

- Fish can be fried in a frying pan.
  생선은 후라이팬에서 튀길 수 있다.

hot [hɑt] [I 27]

having a burning taste ; containing strong spices
타는 듯한 맛을 가진 : 강한 맛을 가진

형 뜨거운, 매운 (=spicy)

- Some Indian food is very hot.
  어떤 인도 음식은 무척 맵다.

make [meik]

to form ; to bring into existence
모양을 만들다

> 동 만들다
> made (pt.+pp.)

- She made a nice cake.
  그녀는 멋진 케이크를 만들었다.

mix [miks]

to bring different things together and combine them so they become one 다른 물질들을 함께 혼합하여 하나가 되게 하다

> 동 섞다
> mixture 명 섞음, 조합

- Oil does not mix with water.
  기름은 물과 섞이지 않는다.

raw [rɔː]

not cooked
요리되지 않은

> 형 생의, 날것의
> raw material 명 원료, 소재

- A lion likes to eat raw meat.
  사자는 날고기 먹기를 좋아한다.

sour [sauə*r*]

not sweet ; tasting or smelling of decay
달지 않은 : 상한 맛 또는 냄새가 나는

[형] 신맛의 (=acid)

- The drink was too sour.
  그 음료수는 너무 신맛이 났다.

sweet [swiːt]

not sour ; tasting like sugar
시지 않은 : 설탕같은 맛이 나는

[형] 단맛의
sweeten [동] 달게 하다

- He likes his coffee to be sweet.
  그는 커피를 달게 해서 마시는 것을 좋아한다.

tough [tʌf]

something that is difficult to eat because it is not soft
어떤 것이 연하지 않아서 먹기가 힘든

[형] 질긴, 거친
[반] tender 부드러운, 연한

- The meat was very tough.
  그 고기는 매우 질겼다.

14

FOOD AND COOKING
음식과 요리

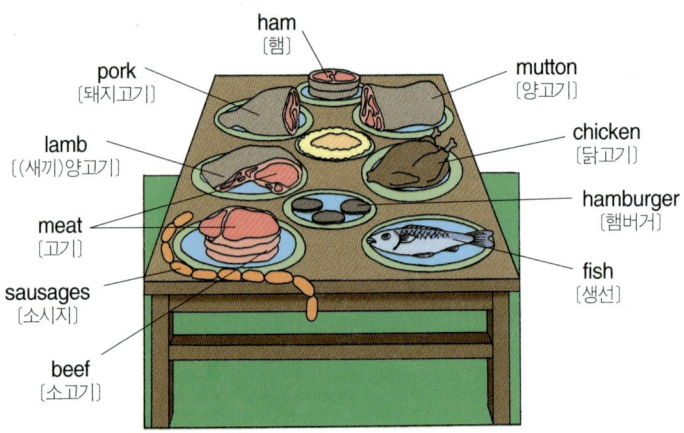

ham
〔햄〕

pork
〔돼지고기〕

mutton
〔양고기〕

lamb
〔(새끼)양고기〕

chicken
〔닭고기〕

meat
〔고기〕

hamburger
〔햄버거〕

sausages
〔소시지〕

fish
〔생선〕

beef
〔소고기〕

● **Things we eat** 음식물
- a cookie 쿠키 (영 biscuit)
- a piece of bread 빵 한 조각
- a loaf of bread 빵 한 덩어리
  (복수 = loaves)
- rice 쌀, 밥
- a slice of cake 케이크 한 조각
- a sandwich 샌드위치
- a piece of toast 토스트 한 쪽

● **Things we drink** 음료수
- cocoa 코코아
- coffee 커피
- coke 콜라
- juice 주스
- milk 우유
- soft drink 청량음료
- tea 차
- tea with ice 냉차
- water 물

● **Other foods** 다른 음식
- cheese 치즈
- chocolate 초콜릿
- cream 크림
- ice-cream 아이스크림
- jam 잼
- dessert 디저트 (영 pudding)
- salad 샐러드
- sauce 소스
- soup 수프
- candy 사탕 (영 sweets)
- a diet 식이 요법

● **Alcoholic drinks** 주류
- beer 맥주
- gin 진
- whiskey 위스키
- wine 포도주

stove
[스토브]

cooker
[조리기구]

pot
[냄비]

pan
[납작한 냄비]

SPICES SUGAR

PEPER SALT

frying pan
[프라이팬]

Flour

OIL

recipe
[조리법]

BUTTER

vegetables
[야채]

oven
[오븐]

glass
[유리잔]

a cup and a saucer
[받침 접시가 딸린 컵]

a pair of chopsticks
[젓가락]

spoon
[수저]

bowl
[사발]

dish
[접시]

fork
[포크]

knife
[칼]

● Meals of the day 하루의 식사

· breakfast 아침식사
· lunch 점심식사
· dinner 저녁식사(정찬)
· supper 저녁식사
· morning tea 모닝차(아침에 마시는 차)

● Eating out 외식

· a cafeteria 카페테리아(셀프서비스식 식당)
· a restaurant 식당
· a menu 메뉴, 차림표

59

15 EATING AND DRINKING
먹기와 마시기

---

bite [bait]
to cut at something with the teeth
이로 어떤 것을 잘라내다

동 깨물다, 물어뜯다
bit (pt.) bitten (pp.)

- She bit a large piece out of the apple.
  그녀는 사과를 한 입 베어 물었다.

---

drink [driŋk]
to take liquid into the body through the mouth
입을 통하여 액체를 몸 안으로 섭취하다

동 마시다
명 음료수
drank (pt.) drunk (pp.)

- He drank a large glass of water.
  그는 물을 큰 잔으로 한 잔 마셨다.

drunk [drʌŋk]

to be unable to control oneself because of having drunk too much alcohol
술을 너무 많이 마셔서 몸을 가누지 못하는

[형] 술 취한
drunkard [명] 술고래, 술꾼

- He was too drunk to walk straight.
  그는 몹시 술에 취해서 똑바로 걸을 수 없었다.

eat [iːt]

to take in food through the mouth
입을 통하여 음식을 섭취하다

[동] 먹다
ate (pt.) eaten (pp.)
eatable [형] 먹을 수 있는, 식용의

- The cat ate the bird.
  그 고양이는 새를 잡아먹었다.

flavor [fléivər]

how something tastes when we put it in our mouth
어떤 것을 입 안에 넣었을 때 나는 맛

[명] 맛, 풍미
[동] …에 맛을 내다

- This fruit has a strange flavor.
  이 과일은 이상한 맛이 났다.

full [ful]

to have eaten enough and not to want any more
충분히 먹어서 더 이상 원치 않는

[형] 배부른

- He couldn't finish the meal because he was full.
  그는 배가 불러서 음식을 다 먹지 못했다.

hungry [hʌ́ŋgri]

to feel the need to eat food
음식을 먹을 필요를 느끼는

> 형 배고픈
> hunger 명 배고픔

- A baby cries when it is hungry.
  아기는 배가 고프면 운다.

---

smell [smel]

to become aware of something through the nose
코를 통해 어떤 것을 알게 되다

> 명 냄새
> 동 냄새나다
> smelt (pt.+pp.)

- Fish has a strong smell.
  생선은 강한 냄새가 난다.

---

suck [sʌk]

to use the mouth and the lips to take liquid into the mouth
액체를 입에 넣기 위해 입과 입술을 사용하다

> 동 빨아들이다
> sucked (pt.+pp.)

- She sucked up the drink with a straw.
  그녀는 빨대로 음료수를 빨아먹었다.

swallow [swálou]

the way we move the throat to make food go into the stomach
음식이 위로 들어가도록 목을 움직이는 방법

동 삼키다, 빨아들이다
swallowed (pt.+pp.)

■ She swallowed the medicine.
그녀는 약을 삼켰다.

taste [teist]

to get the flavor of something using the mouth
입을 이용해서 어떤 것의 맛을 알다

동 맛이 나다
명 맛
tasty 형 맛있는
(=having a good taste)

■ The drink did not taste nice.
그 음료수는 맛이 좋지 않았다.

thirsty [θə́ːrsti]

to feel the need to drink something
어떤 것을 마실 필요를 느끼다

형 목마른
thirst 명 목마름, 갈증

■ The cat was so thirsty it drank all the milk.
그 고양이는 너무 목이 말라서 우유를 전부 마셨다.

CLOTHES AND DRESSING (1)
옷과 입기(1)

---

get dressed [get drest]

to put on one's clothes
옷을 입다

> 통 옷을 입다
> got dressed (pt.)

■ She always takes a long time to get dressed.
그녀는 옷 입을 때 늘 오래 걸린다.

---

iron [áiərn]

to use an iron to press clothes
옷을 다리기 위해 다리미를 사용하다

> 통 다림질하다
> an iron 명 다리미

■ She burnt her dress while she was ironing it.
그녀는 다림질하다가 옷을 태웠다.

sew [sou]

to make something from cloth using a needle and thread
바늘과 실을 사용하여 천으로 어떤 것을 만들다

통 바느질하다
sewed (pt.) sewn (pp.)
sewing 명 바느질

- She sewed on the button.
  그녀는 단추를 달았다.

tight [tait]

not moving freely about
쉽게 움직일 수 없는

형 꽉 끼는, 단단히 맨
반 loose 느슨한

- She pulled the strap until it was very tight.
  그녀는 끈이 단단히 매질 때까지 잡아당겼다.

undress [ʌndrés]

to take off one's clothing
옷을 벗다

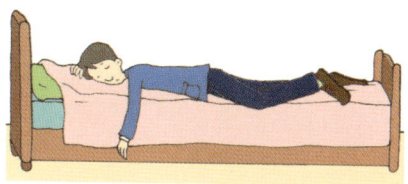

통 옷을 벗다

- He was too tired to get undressed.
  그는 너무 피곤해서 옷을 벗을 수 없었다.

wear [wεər]

to have on the body ; to be clothed in
몸에 걸치다 : 옷을 입다

통 착용하다
wore (pt.) worn (pp.)

- She wore a large hat.
  그녀는 커다란 모자를 썼다.

What we carry and wear 소지품과 착용물

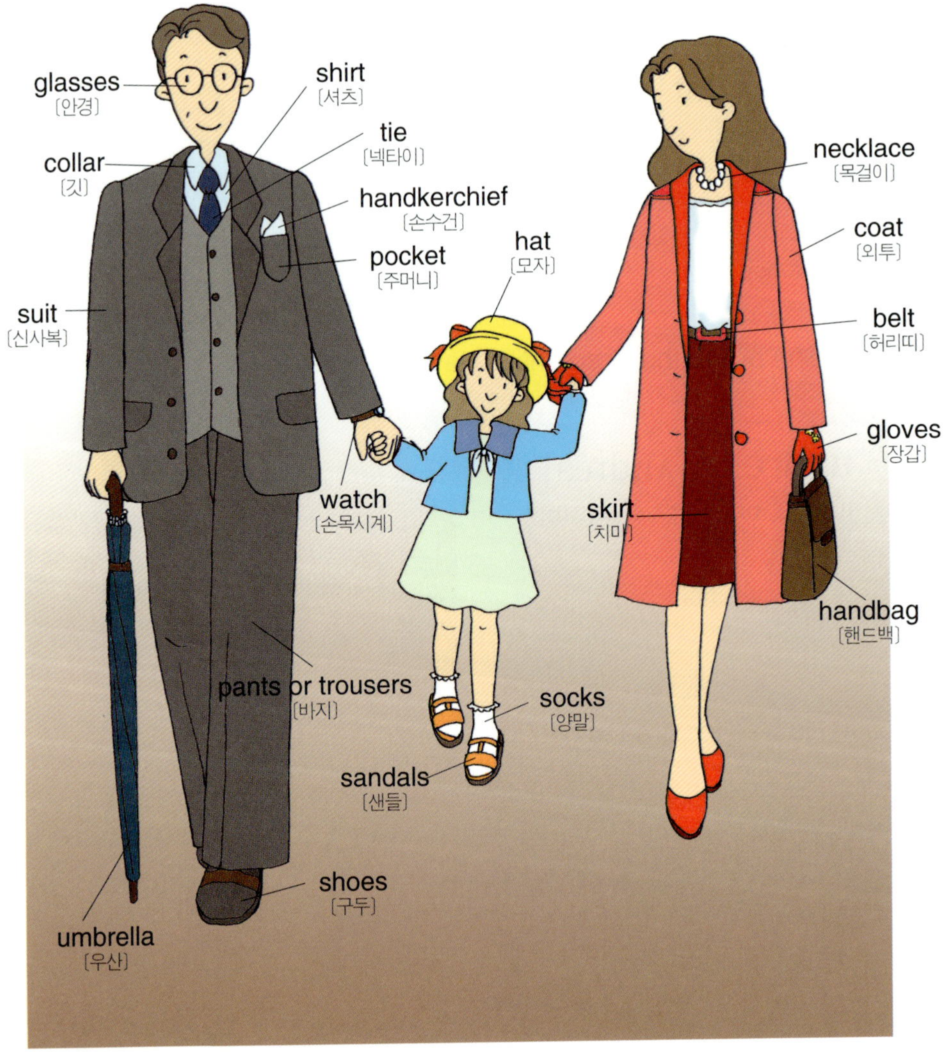

glasses
〔안경〕
shirt
〔셔츠〕
collar
〔깃〕
tie
〔넥타이〕
handkerchief
〔손수건〕
pocket
〔주머니〕
suit
〔신사복〕
hat
〔모자〕
necklace
〔목걸이〕
coat
〔외투〕
belt
〔허리띠〕
gloves
〔장갑〕
watch
〔손목시계〕
skirt
〔치마〕
handbag
〔핸드백〕
pants or trousers
〔바지〕
socks
〔양말〕
sandals
〔샌들〕
shoes
〔구두〕
umbrella
〔우산〕

· boots	장화	· pyjamas	파자마
· clothes	옷	· a razor	면도기
· a comb	빗	· a ring	반지
· cosmetics or make-up	화장품	· shorts	반바지
· a dress	여자 옷	· soap	비누
· a fan	부채	· sunglasses	썬글래스
· a flashlight or torch	전등	· a towel	수건
· jeans	바지(청바지)	· underwear	내의
· jewellery	보석류	· a uniform	제복
· perfume	향수	· a wallet	지갑
· powder	분, 파우더		

17 CLOTHES AND DRESSING (2)
옷과 입기(2)

---

brush [brʌʃ]

to use a brush to clean or tidy something

솔(빗)을 사용해서 어떤 것을 깨끗이 하거나 단정하게 하다

图 솔(빗)질하다
图 솔질, 솔

- **She brushed her hair.**
  그녀는 머리를 빗었다.

---

change [tʃeindʒ] [Ⅲ 35]

to take off a piece of clothing and put on something different

어떤 옷을 벗고 다른 것을 입다

图 바꿔 입다, 교체하다

- **She is going to change into a dress.**
  그녀는 다른 옷으로 바꿔 입을 예정이다.

68

clean [kliːn]

free from dirt
지저분한 것을 없앤

> 형 깨끗한
> 동 깨끗하게 하다
> cleanliness 명 청결

- **The glass was not clean.**
  그 잔은 깨끗하지 않았다.

comfortable [kʌ́mfərtəbl]

having everything that one needs to make one's body feel well
몸을 편하게 하는 데 요구되는 모든 것을 갖춘

> 형 안락한, 편안한
> 반 uncomfortable 불편한
> comfort 명 안락, 편안

- **This chair is not comfortable.**
  이 의자는 안락하지 않다.

dirty [dɚ́ːrti]

not clean
깨끗하지 않은

> 형 더러운
> 반 clean 깨끗한

- **The shirt was dirty.**
  그 셔츠는 더러웠다.

dry [drai]

to make something free from moisture
습기를 제거하다

> 동 말리다
> 형 마른, 건조한
> dried (pt.+pp.) [ㅣ27]

- **She dried the clothes in the sun.**
  그녀는 옷을 햇볕에 말렸다.

fashion [fǽʃən]

something which is thought to be attractive at a certain time
어떤 시대에 매력적이라고 생각되는 것

명 유행

fashionable 형 유행의
반 unfasionable 유행
이 지난

■ Do you like the fashions of the 1920s?
당신은 1920년대의 유행이 마음에 듭니까?

fit [fit]

to be of the right size
치수가 맞다

동 알맞다, 적합하다
명 적합, 적절

■ The shirt did not fit him.
그 셔츠는 그에게 맞지 않았다.

Color

Black Blue Brown Green Grey Orange Pink Purple Red Yellow White

Adjectives

- **bright** 밝은, 환한
She has a bright red dress.

- **dark** 어두운
His shirt is dark brown.

- **fair** 금발의
She has fair hair.

- **light** 연한 색의
He is wearing a light brown coat.

- **pale** 엷은 색의
She has a pale blue dress.

TALKING AND ASKING
이야기와 질문

---

agree [əgríː]

to have the same idea or belief or opinion as another person
다른 사람과 같은 생각이나 의견을 갖다

> 통 동의하다, 동조하다
> 반 disagree 동의하지 않다
> agreement 명 동의

- He never agrees with his wife.
  그는 절대 그의 아내의 말에 동의하지 않는다.

---

answer [ǽnsər] [Ⅱ 28]

what we do when we are asked a question
질문을 받았을 때 하는 것

> 통 대답하다
> 명 대답

- Nobody could answer the teacher's question.
  아무도 선생님의 질문에 대답할 수 없었다.

ask [æsk]

to question someone
어떤 사람에게 묻다

동 질문하다, 요청하다

- He asked her to help him.
  그는 그녀에게 도와달라고 요청했다.

call [kɔːl] [Ⅰ 19]

to say something in a loud voice so that it can easily be heard
쉽게 들리게 하기 위해 큰 소리로 말하다

동 부르다, 소리치다
명 전화

- "Come inside", the woman called.
  "들어와" 하고 그 여자는 소리쳤다.

promise [prámis]

to say in words or in writing that you will do or not do something.
말이나 글로 하려는 것이나 안하려는 것을 밝히다

동 약속하다
명 약속

- Please promise not to do that again.
  다시는 그러지 않겠다고 약속해라.

repeat [ripíːt]

to do or say something again
행동이나 말을 다시하다

동 반복하다, 되풀이하다
명 반복
repetition 명 반복, 되풀이

- The bird repeated what he said.
  그 새는 그가 말한 것을 되풀이했다.

say [sei]

to speak something in words
어떤 것을 말로 하다

[동] 말하다
said (pt.+pp.)

- He said good-bye to his friend.
  그는 그의 친구에게 작별인사를 했다.

---

speak [spiːk]

to open the mouth and say words and sentences
말을 하거나 문장을 구사하다

[동] 말하다
spoke (pt.) spoken (pp.)
speech [명] 말, 언어, 연설
[Ⅰ 19]

- The baby is just beginning to speak.
  그 아기는 이제 막 말을 배우고 있다.

---

talk [tɔːk]

to speak about or discuss something for a time
얼마 동안 어떤 것을 말하거나 논의하다

[동] 이야기하다
[명] 이야기
talkative [형] 수다스러운, 말
많은

- She likes talking on the phone.
  그녀는 전화로 이야기하는 것을 좋아한다.

tell [tel]

to make something known by speech or writing
말이나 글로 어떤 것을 알게 하다

동 말하다
told (pt.+pp.)

- She told them a funny story.
  그녀는 그들에게 재미있는 이야기를 해주었다.

● Things we say to people
  사람에게 하는 말

· hello	여보세요
· good-bye	안녕
· yes	예
· no	아니오
· yes, please	예, 그렇게 하십시오
· thank you	감사합니다
· no, thank you	사양하겠습니다
· good morning	아침 인사
· good afternoon	오후 인사
· good evening	저녁 인사
· good night	밤 인사
· welcome	환영합니다
· you are welcome	천만에요
· not at all	천만에요

· of course	물론입니다
· certainly	그러죠
· really?	정말?
· it doesn't matter	관계없습니다
· excuse me	실례합니다

● Things to people
  사람에게 말하기

· Miss	―양
· Mister/Mr.	―씨, ―선생
· Mrs.	―여사, ―부인
· Sir	―(남)경칭
· Madam	―(여)경칭
· name	이름
· surname	성

call [kɔːl] [Ⅰ 18]

to give someone or something a name
어떤 사람 또는 사물에 이름을 부여하다

동 부르다 (=name)

■ What is this animal called in your language?
이 동물을 당신 나라 말로 뭐라고 합니까?

define [difáin]

to give a careful explanation of the meaning of a word
어떤 단어로 의미를 설명하다

동 정의하다
definition 명 정의

> yum...
> define, v.to give a
> careful explanation
> of the meaning of a
> word.

■ You have just read a definition of the word define.
당신은 define이란 단어의 의미를 읽었다.

meaning [míːniŋ]

what something tells us ; what we understand from something

어떤 것이 우리에게 의도하는 것

> 명 의미
> meant (pt.)
> **mean** 동 의미하다

- This sign means 'no parking'.

이 표시는 '주차금지'를 의미한다.

speak [spiːk]

to know and be able to use a language

언어를 알거나 사용할 수 있다

> 동 말하다
> spoke (pt.) spoken (pp.)
> [I 18]

- She speaks Chinese very well.

그녀는 중국어를 아주 잘한다.

spell [spel]

to write or speak the letters of a word

단어의 문자를 쓰거나 말하다

> 동 ~의 철자를 말하다(쓰다)
> spelled or spelt (pt.)
> **spelling** 명 철자, 맞춤법

English Essay   Dick Philipe
October 19th 19

Yesterday I went for a strool in the park, the trees wur espeshauy caterfue in there autumn colers.

- Dick is not good at spelling.

딕은 맞춤법에 능하지 못하다.

translate [trænsléit]

to give the meaning of or to express something in another language

다른 언어로 어떤 것을 표현하거나 의미를 주다

> 동 번역하다
> translation 명 번역
> translator 명 번역가

PAR   319   PA

Park, parque,n., parc m,;-ing. (motors) stationnement m.;-ing place, parc m

- The dictionary gives the French translation of each word.

그 사전은 각 단어에 불어 번역이 있다.

- ● What we speak
  말하는 것

  · a dialect   방언
  · a language   언어
  · a foreign language 외국어
  · a national language 국어

- ● What language consists of
  언어의 구성

  · paragraphs   절, 단락
  · sentences   문장
  · sounds   소리
  · words   단어

- ● What we must learn
  배워야 할 것

  · grammar   문법
  · pronunciation 발음
  · rules   규칙
  · spelling   철자
  · tenses   시제
  · vocabulary   어휘

- ● What sentences are made of
  품사

  · adjectives   형용사
  · adverbs   부사
  · nouns   명사
  · prepositions 전치사

· verbs 동사

- ● What we practice
  연습할 것

  · composition   작문
  · comprehension 독해
  · conversation   회화
  · dictation   받아쓰기
  · questions   질문

- ● How well we speak
  a language
  말하는 방법

  · well   잘
  · very well   아주 잘
  · fluently   유창하게
  · quite well   아주 잘
  · not very well 잘못하는
  · poorly   형편없이

- ● Speaking a language
  언어 구사

  · aloud   큰 소리로
  · loudly   크게
  · softly   부드럽게
  · quickly 빠르게
  · quietly 조용하게
  · slowly   느리게

장 문

In many countries people speak three or four languages fluently. One language may be spoken in the home, a different language may be used at primary school, and another language at secondary school. In some countries the national language and a foreign language are used at secondary school. If a language is spoken differently in one part of a country from another part of the country it is called a dialect. Sometimes the same language may have two different names. Indonesian, the national language of Indonesia, is the same language as Malay, the national language of Malaysia. They use the same spelling and nearly the same rules of grammar but there are small differences of pronunciation and vocabulary. Some words can be easily translated from one language to another. The word bread can be easily translated into other languages because most people know what bread is and so their language has a word and a meaning for it. But a word like tense is difficult to translate into Chinese because the Chinese language does not have tenses. With words like these it may be necessary to give a careful definition of the word when translating.

■■ 많은 나라에서 국민들은 셋 내지 네 개의 언어를 유창하게 사용한다. 하나의 언어가 가정에서 사용될 것이며 다른 언어는 초등학교에서 사용될 수도 있으며 또 다른 언어는 중등학교에서 사용될 수도 있다. 어떤 나라에서는 국어와 외국어가 중등학교에서 쓰인다. 하나의 언어가 지역에 따라 다르게 쓰이면 방언이라고 불린다. 때로는 같은 언어가 다른 이름으로 불릴 수도 있다. 인도네시아의 국어인 인도네시아어는 말레이시아의 국어인 말레이어와 같은 말이다. 그들은 같은 철자와 거의 같은 문법을 쓰지만 발음과 어휘면에서 다른 점들이 있다. 어떤 언어는 다른 나라말로 쉽게 번역될 수 있다. 빵이란 단어는 모든 사람들이 빵이 무엇인지 알기 때문에 쉽게 번역될 수 있다. 그리고 그들의 언어에는 빵을 의미하는 언어가 있다. 그러나 "시제"와 같은 단어는 중국어로 번역하기가 어려운데 이유는 중국어에는 시제가 없기 때문이다. 이와 같은 단어들을 본다면 번역할 때 단어의 의미를 주의깊게 부여하는 것이 필요하다. ■■

borrow [bárou]

to use something for a short time and then give it back
어떤 것을 잠시 사용하고 돌려주다

통 빌리다
반 return 돌려주다

■ She borrowed six books from the library.
그녀는 도서관에서 책 여섯 권을 빌렸다.

copy [kápi]

to make or do something so that it looks exactly the same as another thing
어떤 것을 똑같이 보이게 만들거나 하다

통 베끼다, 쓰다
copied (pt.+pp.)
a copy 명 복사

■ She copied out the sentence five times.
그녀는 그 문장을 다섯 번 썼다.

fill in [fil in]

to complete
완성하다

[동] 공란을 채우다

- He filled in the form.
  그는 그 양식을 써넣었다.

look up [luk ʌp]

to get information from a book
책에서 정보를 얻다

[동] 뒤져서 찾다

- He looked up his friend's telephone number.
  그는 친구의 전화번호를 찾았다.

read [riːd]

to look at and understand the meaning of something written down
쓰여진 것을 보고 이해하다

[동] 읽다
read (pt.+pp.)
reading [명] 독서

- Can you read this?
  이것을 읽을 수 있습니까?

write [rait]

to put down words, sentences, etc., on paper using a pen or pencil   종이에 펜이나 연필로 단어, 문장을 쓰다

[동] 쓰다
wrote (pt.) written (pp.)
writing [명] 글쓰기

- He wrote a letter to his friend.
  그는 그의 친구에게 편지를 썼다.

● Things we read
읽을 것

· a book	책
· a dictionary	사전
· a magazine	잡지
· a newspaper	신문
· a story (plural = stories)	이야기
· a book about/on animals	동물책
· a book of stories	소설책
· a book for children	아동도서
· a book by our favorite author	
인기 작가의 책	

● Parts of a book
책의 부분

· the beginning	시작
· a chapter	장
· the cover	표지
· the end	권말
· the title	표제, 제목
· a page	페이지

notice
[게시, 공고]

the librarian
[도서관 직원, 사서]

bookcase
[책장]

LIBRARY HOURS
MON 9.00am – 5.00pm
TUE 9.00am – 8.00pm
WED 9.00am – 1.00pm
THU 9.00am – 8.00pm
FRI 9.00am – 5.00pm
SAT 9.00am – 1.00pm

shelf
[책꽂이]

pen
[펜]

paper
[종이]

notebook
[노트북]

pencil
[연필]

장 문

I like libraries. There are many interesting books and magazines to read in the library. I borrow two or three books every week. Before I return a book I always read it from the beginning to the end. When I read the book I write down any words that I do not know. Then I look up the words in the dictionary and copy out what is written in the dictionary. A man or woman who works in a library is called a librarian. The librarian puts the books on the shelves and gives you a card to fill in when you borrow a book.

나는 도서관을 좋아한다. 도서관에는 많은 재미있는 책과 잡지들이 있다. 나는 매주 두 권 내지 세 권의 책을 빌린다. 책을 돌려주기 전에 나는 늘 그것들을 처음부터 끝까지 읽는다. 책을 읽을 때 나는 내가 모르는 단어는 뭐든지 써놓는다. 그리고 나서 사전에서 찾아서 사전에 씌어있는 것을 옮겨 적는다. 도서관에서 일하는 남자 혹은 여자는 도서관원이라고 불린다. 도서관원들은 책을 선반에 보존하며 책을 빌릴 때 당신이 써야할 카드를 준다.

LEARNING
배 움

---

fail [feil]

not to be successful at something
어떤 일에 성공하지 못하다

동 실패하다
반 succeed 성공하다
failure 명 실패

- The dog tried to jump over the fence but he failed.
  그 개는 담을 뛰어넘으려 했지만 실패했다.

---

forget [fərgét]

not to remember something
어떤 것을 기억하지 못하다

동 잊다
forgot (pt.) forgotten (pp.)
forgetful 형 잘 잊는

- He forgot to put on his shoes.
  그는 구두 신는 것을 잊었다.

know [nou]

to have awareness of something in the mind

마음 속에 깨달음을 가지다

동 알고 있다

knew (pt.) known (pp.)
knowledge 명 지식
unknown 형 알려지지 않은

- Do you know the name of this man?

  이 남자의 이름을 아십니까?

learn [ləːrn]

to get knowledge of something through study or experience

공부나 경험을 통하여 지식을 얻다

동 배우다

learned or learnt (pt.+pp.)

- He learned French from a book.

  그는 책으로 불어를 배웠다.

mark [mɑːrk]

to correct a piece of written work

시험지의 점수를 매기다

동 채점하다
명 점수

- Teachers always have a lot of marking to do.

  선생님들은 늘 채점할 것이 많다.

memorize [méməràiz]

to learn something so it can be remembered

어떤 것이 기억되도록 배우다

동 암기하다

memory 명 기억

- The actor tried to memorize his words.

  그 배우는 그의 대사를 외우려고 노력했다.

pass [pæs]

to be successful in an examination
시험에 합격하다

[동] 합격하다, 통과하다
passage [명] 통과, 통로

- She was happy to learn that she had passed.
  그녀는 합격한 것을 알고 기뻐했다.

---

practice [præktis]

to do something often until you are good at doing it
어떤 일을 익숙해질 때까지 자주 하다

[동] 연습하다
[명] 연습

- She practices the piano every day.
  그녀는 매일 피아노 연습을 한다.

---

remember [rimémbər]

to bring back and keep in memory
기억을 되살리다

[동] 기억하다
[반] disremember 잊다,
생각나지 않다

- I can remember you when you were a boy.
  나는 너의 어렸을 때가 기억난다.

teach [tiːtʃ]

to give knowledge of something ; to show how
지식을 주다 : 방법을 가르치다

동 가르치다
taught (pt.)
teacher 명 교사

- She is teaching him how to play the guitar.
그녀는 그에게 기타 치는 방법을 가르치고 있다.

 장 문

We were taught French at school. It is a difficult language. I know I was not the best student in the class. Every day we had to practice speaking French, but I always forgot the words. One day I met a friend from France and she helped me learn the language. Every day she gave me some sentences to memorize. Then I practiced asking her questions. She also marked my written work and taught me grammar. At the end of the year I passed the examination. Without the help of my friend I'm sure I would have failed. But today I cannot remember a word of French.

우리들은 학교에서 불어를 배웠다. 그것은 어려운 언어이다. 나는 내가 학급에서 우등생이 아니었다는 것을 알고 있다. 매일 우리는 불어회화를 연습했지만 나는 늘 단어들을 잊어버렸다. 어느 날 나는 프랑스에서 온 친구를 만났는데 그녀가 나의 불어 학습을 도왔다. 매일 그녀는 기억해야 할 문장들을 내게 주었다. 그리고 나서 나는 그녀에게 질문하는 방법을 연습했다. 그녀는 또한 나의 작문에 점수를 매겼으며 나에게 문법을 가르쳤다. 연말이 되자 나는 시험에 합격했다. 내 친구의 도움이 없었더라면 나는 분명 시험에 실패했을 것이다. 그러나 오늘날 나는 불어 단어를 기억할 수가 없다.

WHERE PEOPLE LIVE
사는 곳

---

live [liv]
to have a home or to stay in a home
가정을 갖거나 집에서 머무르다

[동] 살다
life [명] 생활, 삶

- Nobody lives in this house.
  이 집엔 아무도 살지 않는다.

---

paint [peint]
to color the outside of things using a liquid made for this purpose
칠을 하기 위한 액체를 사용해서 칠하다

[동] 페인트 칠하다
[명] 페인트

- He painted the roof of the house.
  그는 집의 지붕을 페인트로 칠했다.

rent [rent]

to pay money for the use of something for a certain time
일정 기간 동안 사용료를 내다

동 임대하다
명 임대
for rent 형 세놓는

- The house is for rent.
  그 집은 세를 놓았다.

stay [stei]

to remain or to live in a place for a time
얼마 동안 어떤 장소에 잔류하거나 살다

동 머무르다, 숙박하다
반 leave 떠나다

- She is staying at the Royal Hotel.
  그녀는 로얄 호텔에서 숙박하고 있다.

tidy [táidi]

to make something neat and to put it in good order
어떤 것을 가지런히 놓거나 순서대로 놓다

동 정리하다
tidied (pt.)
형 정돈된
반 untidy 정리되지 않은

- She tidied the house.
  그녀는 집안을 정리했다.

use [juːz]

to apply or employ something for a purpose
어떤 것을 어떤 목적에 이용하다

동 사용하다 / 명 사용
useful 형 유용한
반 useless 쓸모 없는

- He uses this room as an office.
  그는 이 방을 사무실로 쓴다.

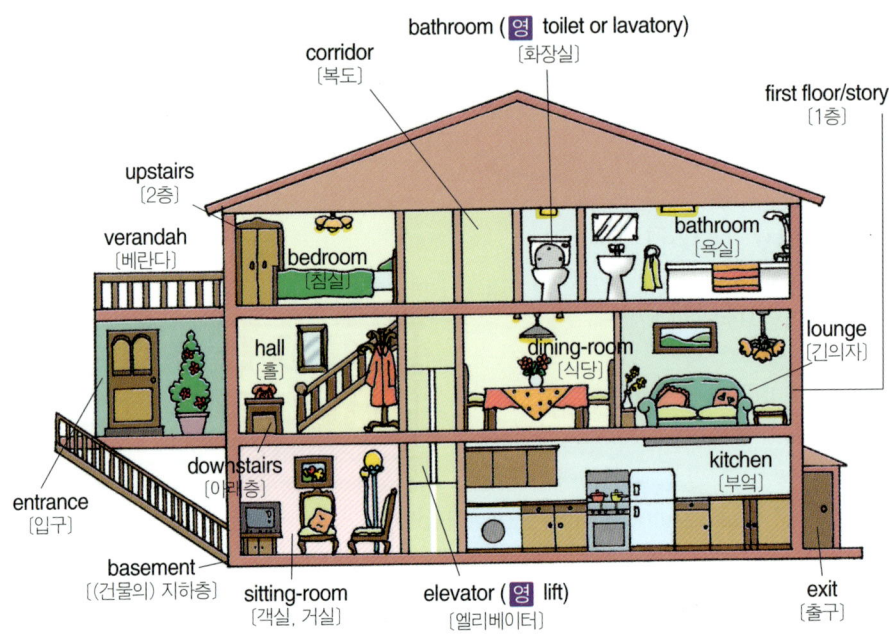

bathroom (영 toilet or lavatory)
〔화장실〕

corridor
〔복도〕

first floor/story
〔1층〕

upstairs
〔2층〕

verandah
〔베란다〕

bedroom
〔침실〕

bathroom
〔욕실〕

lounge
〔긴의자〕

hall
〔홀〕

dining-room
〔식당〕

entrance
〔입구〕

downstairs
〔아래층〕

kitchen
〔부엌〕

basement
〔(건물의) 지하층〕

sitting-room
〔객실, 거실〕

elevator (영 lift)
〔엘리베이터〕

exit
〔출구〕

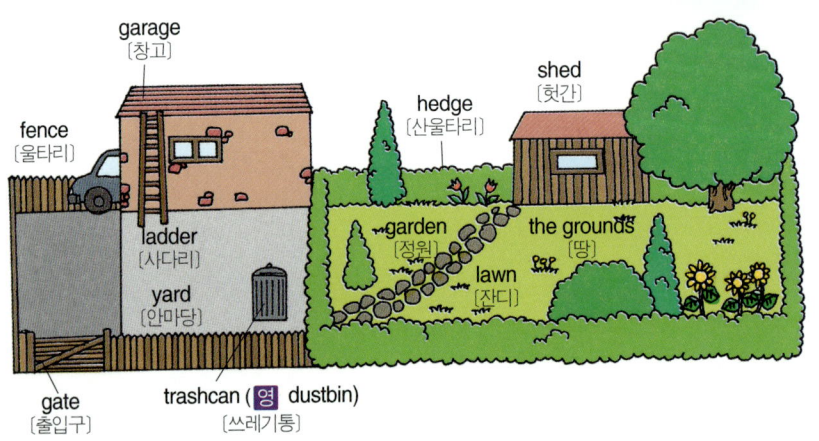

garage
〔창고〕

hedge
〔산울타리〕

shed
〔헛간〕

fence
〔울타리〕

ladder
〔사다리〕

garden
〔정원〕

the grounds
〔땅〕

yard
〔안마당〕

lawn
〔잔디〕

gate
〔출입구〕

trashcan (영 dustbin)
〔쓰레기통〕

Places where people live
사람이 사는 곳

- · a block of flats   건물의 1층
- · a building   건물
- · a castle   성
- · apartment (영 a flat)   아파트
- · a home   가정
- · a hotel   호텔
- · a house   집
- · a motel   모텔
- · a palace   궁전

Describing a house
집의 묘사

- · large   큰
- · small   작은
- · comfortable   안락한
- · cosy   포근한
- · expensive   비싼
- · cheap   값 싼
- · old-fashioned   구식의

- · modern   현대식의
- · new   새로운
- · convenient   편리한
- · practical   실용적인

People
사람

- · the caretaker   관리인
- · the gardener   정원사
- · the landlady   여주인
- · the landlord   집주인(남자)
- · the owner   소유주
- · the watchman   경비원

Houses and Buildings

23 THE HOUSE
집

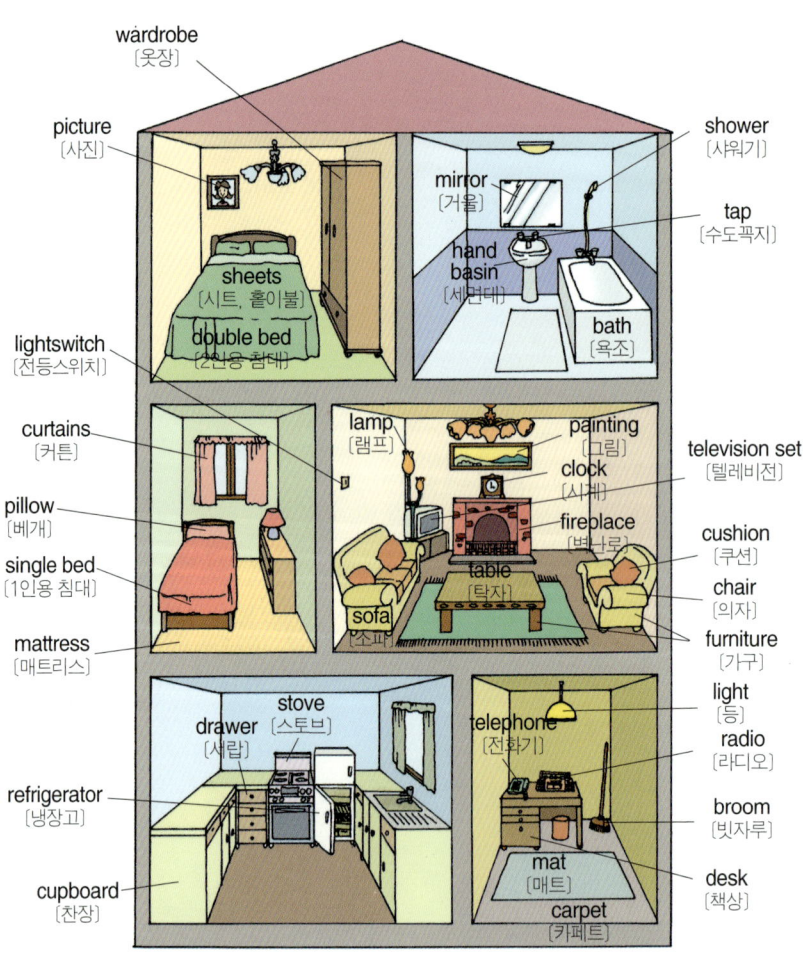

wardrobe
[옷장]

picture
[사진]

shower
[샤워기]

mirror
[거울]

tap
[수도꼭지]

hand
basin
[세면대]

sheets
[시트, 홑이불]

double bed
[2인용 침대]

bath
[욕조]

lightswitch
[전등스위치]

curtains
[커튼]

lamp
[램프]

painting
[그림]

clock
[시계]

television set
[텔레비전]

pillow
[베개]

fireplace
[벽난로]

cushion
[쿠션]

single bed
[1인용 침대]

table
[탁자]

chair
[의자]

sofa
[소파]

furniture
[가구]

mattress
[매트리스]

stove
[스토브]

drawer
[서랍]

telephone
[전화기]

light
[등]

radio
[라디오]

refrigerator
[냉장고]

broom
[빗자루]

cupboard
[찬장]

mat
[매트]

desk
[책상]

carpet
[카페트]

key
[열쇠]

lock
[자물쇠]

blanket
[담요]

needle
[바늘]

pin
[핀]

bell
[종]

candle
[초]

Parts of the house   집의 부분

roof
[지붕]

chimney
[굴뚝]

windows
[창문]

door
[문]

steps
[계단]

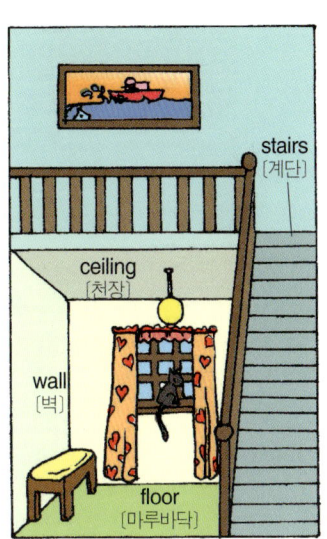

stairs
[계단]

ceiling
[천장]

wall
[벽]

floor
[마루바닥]

● At the house
집에서

· He is at home.   그는 집에 있다.
· He is not at home.   그는 집에 없다.
· He is in. [I 31, 34]   그는 안에 있다.
· He is out.   그는 외출했다.
· He is next door.   그는 옆집에 산다.

· He is away. [I 34]
그는 멀리 떠났다.

· He is back. [I 34]
그는 돌아왔다.

· He is not back.
그는 돌아오지 않았다.

93

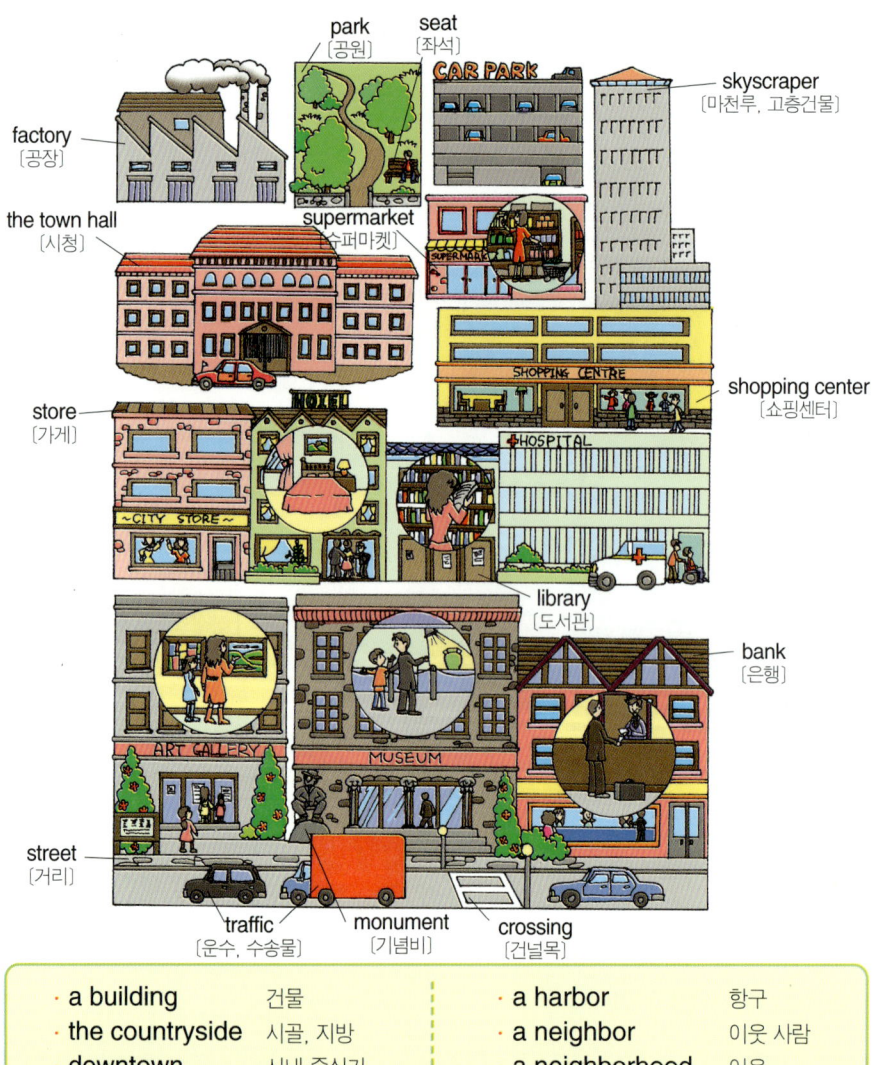

park
[공원]

seat
[좌석]

skyscraper
[마천루, 고층건물]

factory
[공장]

the town hall
[시청]

supermarket
[슈퍼마켓]

store
[가게]

shopping center
[쇼핑센터]

library
[도서관]

bank
[은행]

street
[거리]

traffic
[운수, 수송물]

monument
[기념비]

crossing
[건널목]

· a building	건물	· a harbor	항구
· the countryside	시골, 지방	· a neighbor	이웃 사람
· downtown	시내 중심가	· a neighborhood	이웃
· a grocery	식료품	· the post office	우체국

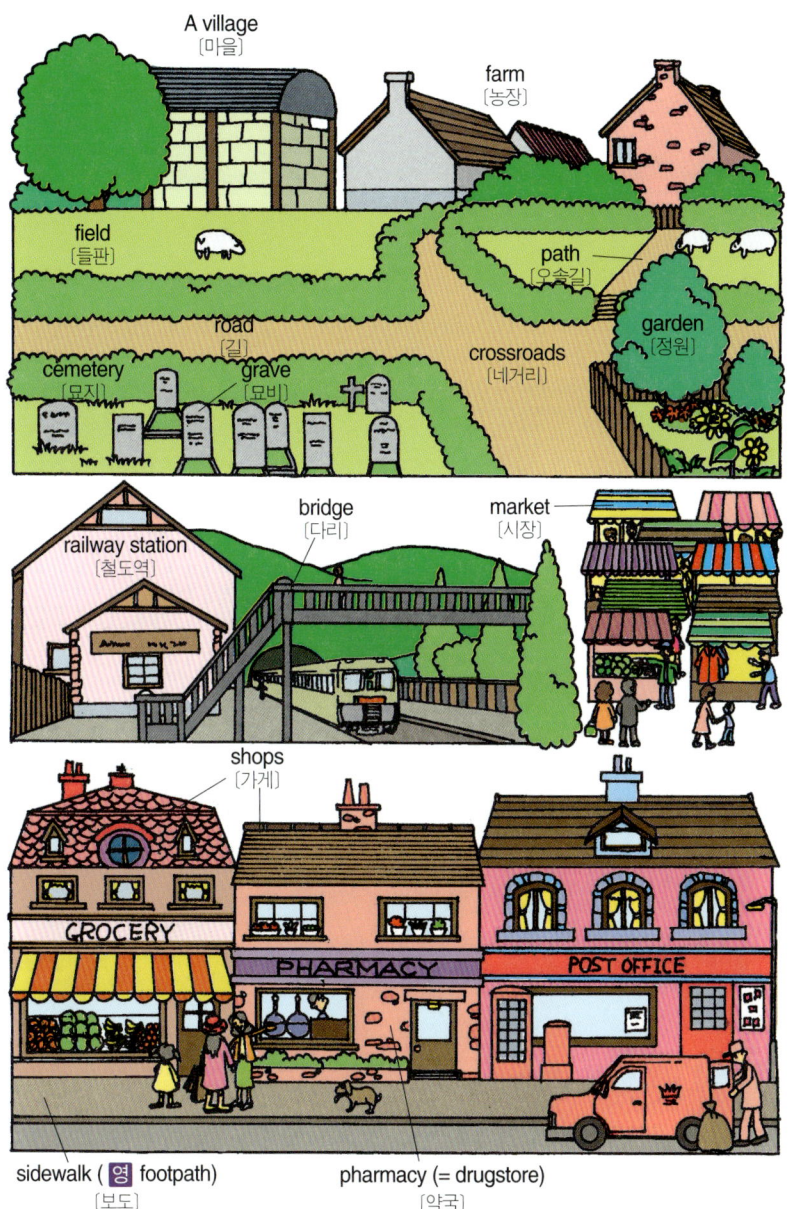

A village
[마을]

farm
[농장]

field
[들판]

path
[오솔길]

road
[길]

garden
[정원]

cemetery
[묘지]

grave
[묘비]

crossroads
[네거리]

bridge
[다리]

market
[시장]

railway station
[철도역]

shops
[가게]

GROCERY

PHARMACY

POST OFFICE

sidewalk (영 footpath)
[보도]

pharmacy (= drugstore)
[약국]

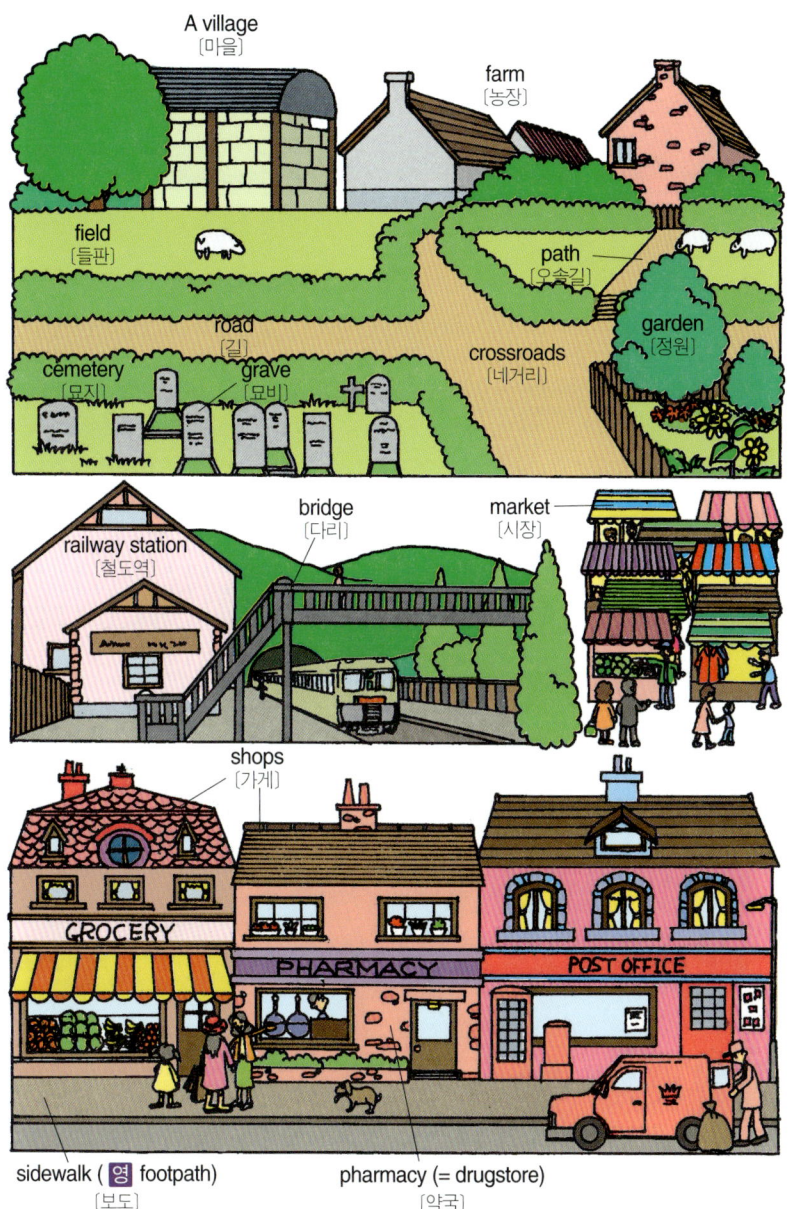

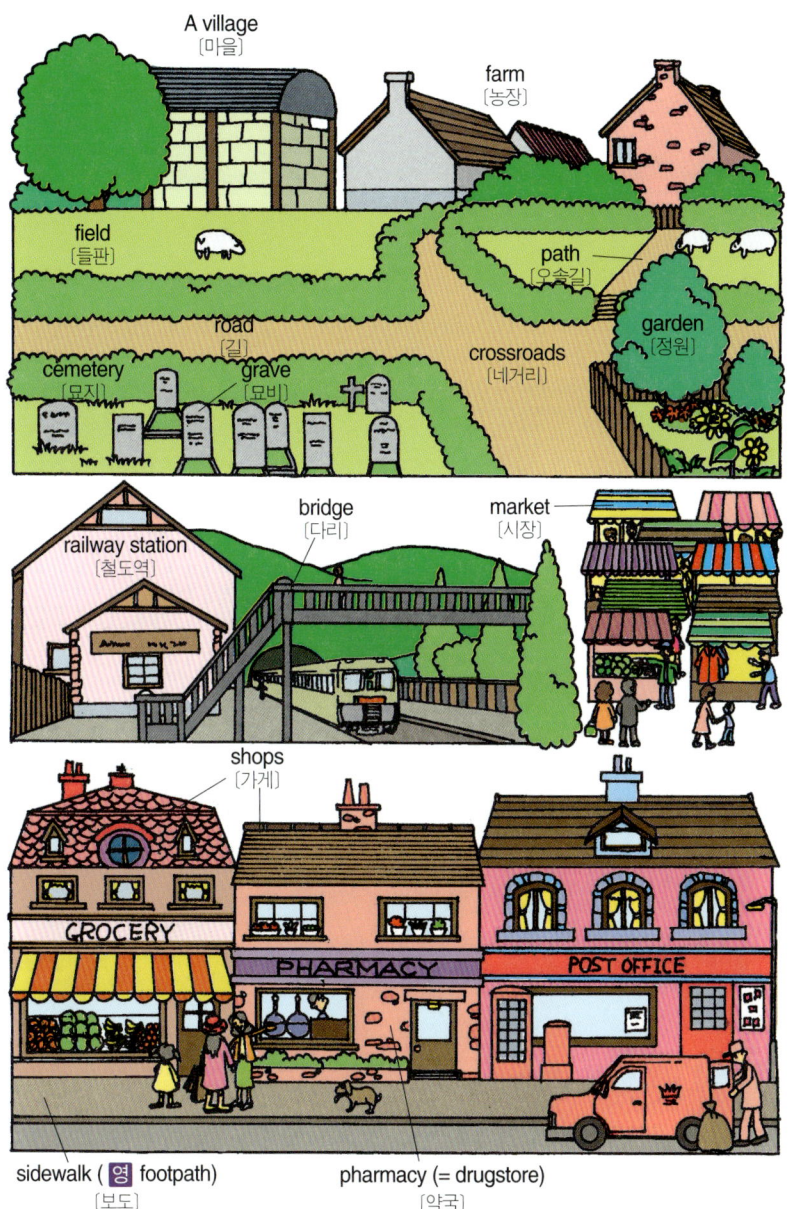

· a suburb	근교	· a famous building	유명한 건물
· a town	읍	· a local language	사투리
· an ancient city	고대도시	· a modern hotel	현대식 호텔

Houses and Buildings

95

clouds [구름]

forest [숲]

island [섬]

land [육지]

lake [호수]

tree [나무]

water [물]

cliff [벼랑]

waves [파도]

sea [바다]

sand [모래]

beach [해변]

moon [달]
stars [별]
sky [하늘]
volcano [화산]
sun [태양]
mountain [산]
hill [언덕]
valley [골짜기]
river [강]
stream [계곡]
desert [사막]
rock [바위]
stones [돌]

· air	공기	· dam	댐	· jungle	밀림
· atmosphere	대기	· ditch	도랑	· mud	진흙
· bank	둑, 제방	· dust	먼지	· ocean	대양
· bay	만, 후미	· earth	흙	· shade	음지
· border	국경	· the earth	지구	· shadow	그림자
· cave	동굴, 굴	· environment	환경	· soil	흙
· coast	해안	· the ground	지면, 땅	· surroundings	환경
· continent	대륙	· horizon	수(지)평선	· world	세계, 자연계

close [klouz]

near
가까운 장소에

> 형 가까운
>
> closer, closest
> 반 distant 먼

- **The tree is very close to the house.**
  그 나무는 집 아주 가까이에 있다.

deep [diːp]

going down a long way
아래로 많이 내려간

> 형 깊은
>
> deeper, deepest
> depth 명 깊이

- **The river is not very deep.**
  그 강은 아주 깊지는 않다.

far [fɑːr]

a long way
멀리 있는

> 형 (거리가) 먼
> further, furthest

- It was too far to jump across.
  뛰어서 건너기엔 거리가 너무 멀었다.

---

flat [flæt]

smooth with no part going sharply up or down
급한 요철이 없이 완만한

> 형 평평한
> flatter, flattest

- The top of this hill is very flat.
  이 언덕 꼭대기는 아주 평평하다.

---

high [hai]

going far upwards
위쪽으로 많이 올라간

> 형 높은
> higher, highest
> height 명 높이, 고도

- Mt. Everest is the highest mountain in the world.
  에베레스트산은 세계에서 가장 높은 산이다.

---

level [lévəl]

having a flat surface
평평한 표면을 가진

> 형 평탄한 (=even)
> 반 uneven 울퉁불퉁한

- The road is not level here.
  그 도로는 이곳이 평탄하지 않다.

low [lou]

not tall or high
크지도 높지도 않은

형 낮은

lower, lowest
lower 통 낮추다

- **Chairs were too low.**
  의자들은 너무 낮았다.

narrow [nǽrou]

of small width compared with its length
길이에 비해 폭이 좁은

형 좁은

narrower, narrowest
반 wide or broad 넓은
narrow-minded 형 마
음이 좁은

- **She crossed a narrow bridge.**
  그녀는 좁은 다리를 건넜다.

near [niər]

not far
멀지 않은

형 가까운

nearer, nearest
nearly 부 가까이

- **The house is near the river.**
  그 집은 강 근처에 있다.

rough [rʌf]

not smooth, calm or flat
부드럽지도, 잔잔하지도, 평평하지도 않은

형 거친
rougher, roughest

- The water was very rough.
  물결이 너무 거셌다.

shallow [ʃǽlou]

not deep
깊지 않은

형 얕은
shallower, shallowest
반 deep 깊은

- Play in the shallow end of the pool.
  수영장의 얕은 곳에서 놀아라.

wide [waid]

far from side to side
한쪽에서 다른 쪽까지 먼

형 넓은
wider, widest
widen 통 넓히다
width 명 폭

- The river is very wide here.
  그 강은 이곳이 아주 넓다.

THE WEATHER
날 씨

---

cold [kould]

not giving off any heat
어떠한 열도 없는

> 형 추운
> colder, coldest
> the cold 명 감기

■ It was very cold outside.
밖은 아주 춥다.

---

cool [kuːl]

feeling a little cold
약간 추운 것을 느끼는

> 형 시원한, 서늘한
> cooler, coolest
> colling 형 냉각하는

■ It was cool under the tree.
나무 밑은 시원하다.

damp [dæmp]

not completely dry
완전히 마르지 않은

형 습기찬, 축축한
명 습기

- The washing was still damp.
  빨래가 아직 축축하다.

---

dry [drai]

not wet ; without any water
젖지 않은 : 물이 없는

형 건조한, 마른
drier, driest
dried 형 말린 [Ⅰ17]

- A desert is the driest place on earth.
  사막은 지구에서 가장 건조한 곳이다.

---

fine [fain]

bright clear weather without rain
비가 오지 않고 청명한

형 좋은, 화창한
finer, finest

- The park is popular on fine days.
  그 공원은 화창한 날에 인기가 있다.

---

fresh [freʃ]

pleasantly cool
기분 좋게 시원한

형 신선한
fresher, freshest
freshen 동 새롭게 하다

- The air by the sea is always fresh.
  바닷가 공기는 언제나 신선하다.

hot [hɑt]
having a lot of heat
열을 많이 가진

> 형 뜨거운, 더운
> hotter, hottest
> heat 명 열 [I 13]
> heater 명 전열기, 난방장치

- **Hot** water comes up from the ground here.
  이곳엔 땅 속에서 온천이 나온다.

humid [hjúːmid]
containing moisture in the air
공기 중에 습기가 포함된

> 형 습기찬
> humidity 명 습도, 습기

- The air feels humid after heavy rain.
  큰 비가 온 뒤에는 습기가 느껴진다.

warm [wɔːrm]
having some heat but not hot
열을 가졌거나 뜨겁지 않은

> 형 따뜻한
> 동 따뜻하게 하다
> warmer, warmest
> warmth 명 따뜻함

- They sat by the fire to keep warm.
  그들은 온기를 보존하려고 불 옆에 앉았다.

wet [wet]

not dry ; covered with water
마르지 않은 : 물로 덮인

형 젖은
동 ~을 적시다
wetter, wettest

- She got wet in the rain.
  그녀는 비에 젖었다.

summer   fall (영 autumn)   winter   spring

● The weather   날씨

· breeze	산들바람	· rain	비
· climate	기후	· shower	소나기
· earthquake	지진	· snow	눈
· flood	홍수	· storm	폭풍
· fog	안개	· temperature	기온
· ice	얼음	· wind	바람

begin [bigín]

to start
시작하다

동 시작하다
began (pt.) begun (pp.)
the beginning 명 시작

- The summer holidays begin began on June 5th.
  여름 휴가는 6월 5일에 시작되었다.

blow [blou]

to be moved by the wind
바람에 날려가다

동 날리다
blew (pt.) blown (pp.)

- His hat blew into the air.
  그의 모자가 공중으로 날아갔다.

end [end]
to finish
끝마치다

> 동 끝나다
> 명 끝, 종료

Jan	Feb	winter ends. March	spring. April	May	June
July	Aug	Sept	Oct	Nov	Dec

- The winter ends in March or April in Europe.
  유럽에서는 겨울이 3월이나 4월에 끝난다.

get [get]
to become
~이 되다

> 동 ~되다, ~이 되다
> got (pt.+pp.) [Ⅱ 12, 32]

- It gets very cold in the winter.
  겨울에는 날씨가 매우 추워진다.

nature [néitʃər]
the physical world and living things
모든 사물이 사는 세계

> 명 자연
> natural 형 자연의

- He borrowed a book about nature.
  그는 자연에 관한 책을 한 권 빌렸다.

rain [rein]
water which falls from the sky
하늘에서 떨어지는 물

> 명 비
> 동 비가 오다
> rainy 형 비오는

- They went inside because of the rain.
  그들은 비 때문에 안으로 들어갔다.

scenery [síːnəri]

the natural outdoor things that can be seen in a place
어떤 장소에서 볼 수 있는 바깥의 사물들

명 경치
natural scenery 명 자연 경치

- The scenery here is beautiful.
  이곳의 경치는 아름답다.

shine [ʃain]

to give out or give off light
빛을 내거나 발하다

동 빛을 비추다
shone (pt.+pp.)
shining 형 빛나는

- The sun shone brightly in the desert.
  사막에서는 태양이 강하게 비췄다.

snow [snou]

the falling from the sky of soft, white, frozen water
하늘에서 떨어지는 부드럽고, 하얀 물이 언 것

동 눈이 오다
명 눈
snowy 형 눈이 내리는

- The car was covered with snow.
  그 차는 눈으로 덮였다.

view [vjuː]

what we can see of scenery, the landscape, etc.
우리가 볼 수 있는 경치

명 광경, 풍경 (=sight)
동 바라보다

- There is a good view from the window.
  이것은 창문을 통해서 볼 수 있는 멋진 풍경이다.

 장 문

Australia has some of the most beautiful scenery in the world. The best time to visit Australia is in the summer, which begins in October and ends in April or May. It gets very hot in the summer and it doesn't rain much. Sydney is a beautiful city with a large harbor. The view of the new opera house, with its white roof shining in the sun, is very famous. Sometimes very strong winds blow in the harbor. It never snows in Sydney but it can get quite cold in the winter. Those people who like nature can visit the Australian desert to enjoy the scenery and to watch the desert animals.

호주는 세상에서 가장 아름다운 경치를 가지고 있다. 호주를 방문할 가장 좋은 시기는 여름이다. 여름은 10월에 시작해서 4월이나 5월에 끝난다. 여름에는 무척 뜨겁고 비는 많이 오지 않는다. 시드니는 큰 항구를 가진 아름다운 도시이다. 햇빛 속에 하얗게 빛나는 지붕을 가진 오페라 히우스의 장관은 매우 유명하다. 때로는 아주 강한 바람이 항구에 불어온다. 시드니에는 결코 눈은 오지 않지만 겨울에는 무척 춥다. 자연을 좋아하는 사람들은 풍경을 즐기고 사막 동물들을 보러 오스트레일리아 사막을 방문해도 좋다.

The world

SIZE AND SHAPE
크기와 모양

---

 big [big]

large in size ; not small
치수가 큰 : 작지 않은

[형] 큰

bigger, biggest

- She has a big baby.
  그녀는 큰 아이가 있다.

---

 heavy [hévi]

having a lot of weight ; not easy to lift
많은 무게를 가진 : 들기 쉽지 않은

[형] 무거운

heavier, heaviest
heaviness [명] 무거움, 무게

- He was too heavy for the donkey.
  그는 그 당나귀한테는 너무 무거웠다.

light [lait]

not heavy
무겁지 않은

형 가벼운
lighter, lightest [Ⅰ 17]
lightness 명 가벼움

- Aluminum is a light metal.
  알루미늄은 가벼운 금속이다.

long [lɔ(ː)ŋ]

the distance from one end to another
한쪽 끝에서 다른 쪽까지 거리가 먼

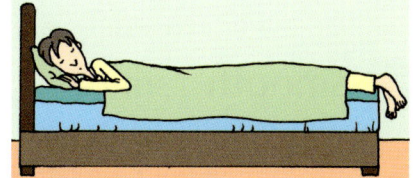

형 긴
longer, longest [Ⅰ 32]
length 명 길이

- The bed was not long enough for him.
  그 침대는 그에게는 충분히 길지 못했다.

round [raund]

shaped like a circle
원처럼 생긴

형 둥근, 원형의

- They could see that the earth is round
  그들은 지구가 둥근 것을 볼 수 있었다.

short [ʃɔːrt]

not long or tall
길거나 키가 크지 않은

형 짧은
shorter, shortest
shorten 동 줄이다
shortly 부 짧게

- He is much shorter than his wife.
  그는 그의 아내보다 훨씬 작았다.

small [smɔːl]

not large or big in size, amount, or degree
크기, 양 또는 정도가 크거나 많지 않은

[형] 작은, 소형의
smaller, smallest

- She has very small hands.
  그녀는 아주 작은 손을 가지고 있다.

smooth [smuːð]

with an even surface ; not rough
거칠지 않은 표면을 가진

[형] 매끄러운
[반] rough 거친

- The top of the table was as smooth as glass.
  그 테이블은 유리처럼 매끄러웠다.

soft [sɔ(ː)ft]

not hard ; easily giving into pressure or weight
딱딱하지 않은 : 압력이나 무게에 쉽게 들어가는

[형] 부드러운, 무른
softer, softest
[반] hard 딱딱한
soften [동] 부드럽게 하다

- The ground was very soft.
  땅바닥은 매우 물렀다.

square [skwɛər]

having four equal sides
똑같은 네 개의 면을 가진

형 사각의, 정사각형의

■ The table has a square top.
그 테이블은 사각면을 가지고 있다.

thick [θik]

deep from one side or surface to the other
한쪽에서 다른 쪽까지 두께가 두꺼운

형 두꺼운
thicker, thickest
thicken 동 두껍게 하다

■ He made himself a thick sandwich.
그는 자기가 먹으려고 두툼한 샌드위치를 만들었다.

thin [θin]

having one side or surface close to the other
한 면과 다른 면 사이가 가까운

형 마른, 야윈
thinner, thinnest [I 2]

■ When he was found he was very thin.
그가 발견되었을 때 그는 매우 말라 있었다.

Numbers   숫자

0	zero, nought		
1	one	the first	첫 번째
2	two	the second	두 번째
3	three	the third	세 번째
4	four	the fourth	네 번째
5	five	the fifth	다섯 번째
6	six	the sixth	여섯 번째
7	seven	the seventh	일곱 번째
8	eight	the eighth	여덟 번째
9	nine	the ninth	아홉 번째
10	ten	the tenth	열 번째
11	eleven	the eleventh	열한 번째
12	twelve	the twelfth	열두 번째
13	thirteen	the thirteenth	열세 번째
14	fourteen	the fourteenth	열네 번째
15	fifteen	the fifteenth	열다섯 번째
16	sixteen	the sixteenth	열여섯 번째
17	seventeen	the seventeenth	열일곱 번째
18	eighteen	the eighteenth	열여덟 번째
19	nineteen	the nineteenth	열아홉 번째
20	twenty	the twentieth	스무 번째

21	twenty-one	the twenty first	스물한 번째
30	thirty	the thirtieth	서른 번째
40	forty	the fortieth	마흔 번째
50	fifty	the fiftieth	쉰 번째
60	sixty	the sixtieth	예순 번째
70	seventy	the seventieth	일흔 번째
80	eighty	the eightieth	여든 번째
90	ninety	the ninetieth	아흔 번째
100	one(a) hundred	the hundredth	백 번째
1,000	one(a) thousand	the thousandth	천 번째
1,000,000	one(a) million	the millionth	백만 번째

1/4 = a quarter	4분의 1
1/2 = a half	2분의 1
3/4 = three quarters	4분의 3
a dozen	1다스 (12)
the first day	첫째 날
the last day	마지막 날
the final day	최종일

횟수를 셀 때는 once, twice라고 하지만, 그 외에는 기수에 times를 붙인다.

He said it once. 그는 그것을 한 번 언급했다.

He said it twice. 그는 그것을 두 번 언급했다.

He said it three times, etc. 그는 그것을 세 번 언급했다 등등

Measurement 계량

- ### Distance 거리
  an inch, a foot, a yard, a mile 인치, 피트, 야드, 마일
  a centimeter, a meter, a kilometer 센티미터, 미터, 킬로미터

- ### Weight 무게
  a centigram, a gram, a kilogram 센티그램, 그램, 킬로그램
  an ounce, a pound, a stone, a ton 온스, 파운드, 스톤, 톤

- ### Volume 양
  a liter, a gallon, a pint 리터, 갤런, 핀트

- ### Money 돈
  a cent, a nickel, a dime, a quarter 센트, 니켈(5센트), 다임(10센트), 쿼터(25센트)
  a half-dollar, a dollar 반달러, 달러
  a coin 동전
  a note 지폐

Days of the week 요일

- ### Monday   월요일
- ### Tuesday   화요일
- ### Wednesday   수요일
- ### Thursday   목요일
- ### Friday   금요일
- ### Saturday   토요일
- ### Sunday   일요일

Day and night 낮과 밤

- ### the dark [I 17]   밤
- ### dawn   새벽

- the day   대낮
- day-time   주간
- dusk   황혼
- the light   낮
- the night   밤
- night-time   야간
- sunrise   일출
- sunset   일몰

Names of months   월 이름

- January   1월
- February   2월
- March   3월
- April   4월
- May   5월
- June   6월
- July   7월
- August   8월
- September   9월
- October   10월
- November   11월
- December   12월

Special days   경축일

- a public holiday   축제일
- Christmas Day   크리스마스, 성탄절
- New Year's Day   설날

TELLING THE TIME
시간 말하기

Time 1 　시간 1

- a.m.   오전
- p.m.   오후
- o'clock   정각
- seven o'clock   7시 정각
- ten after seven   7시 10분
  (영 ten past seven)
- quarter after seven   7시 15분
  (영 a quarter past seven or seven fifteen)
- seven thirty   7시 30분
  (영 half past seven)
- twenty of eight   8시 20분 전
  (영 twenty to eight)
- a quarter of eight   8시 15분 전
  (영 a quarter to eight)

- **미국식**

Quarter after two
2시 15분

- **영국식**

Two fifteen / Quarter past two
2시 15분

- **미국식**

Two thirty
2시 30분

- **영국식**

Two thirty / Half past two
2시 30분

- **미국식**

Two forty-five 2시 45분
Quarter of three 3시 15분 전

- **영국식**

Two forty-five 2시 45분
Quarter to three 3시 15분 전

- a second   초
- a moment   순간
- a minute   분
- a quarter of an hour   15분
- half an hour   30분
- three-quarters of an hour   45분
- an hour   1시간
- a day   하루
- a week   1주일
- a weekend   주말
- a fortnight   2주 (영국식 영어)
- a month   한 달
- a year   1년
- a decade   10년
- a century   1세기
- the past   과거
- the present   현재
- the future   미래

Talking about time   시간에 대해 말하기

- I start work at 8 o'clock.   나는 8시에 일을 시작한다.
- I usually finish by 4:30.   나는 대개 4시 30분까지 마친다.
- I started work in this office in 1972.   나는 1972년에 이 사무실에서 일을 시작했다.

- in the morning   아침에
- at midday (lunchtime)   정오에 (점심시간)
- in the afternoon   오후에
- in the evening   저녁에
- at night   밤에
- at midnight   자정에
- last week   지난 주
- yesterday   어제
- today   오늘
- tonight   오늘 밤
- tomorrow   내일
- the day after tomorrow   모레
- next week   다음 주

---

afford [əfɔ́ːrd] [Ⅲ 13]

to have sufficient time for something
어떤 일을 하기 위한 충분한 시간을 가지다

통 ~할 여유가 있다

■ He cannot afford to leave his office.
그는 퇴근할 여유가 없다.

---

early [ɔ́ːrli]

before the usual or expected time
평상시나 예상된 시간보다 전에

형 이른
부 일찍

■ They were asked to come at 8 but they were early.
그들은 8시까지 오도록 요청받았지만 일찍 왔다.

immediate [imíːdiit]

happening next without any delay
지체없이 다음 행동이 일어나는

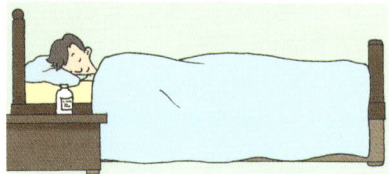

> 형 직접적인, 즉시의
> immediately 부 즉시

- He fell asleep immediately after he took the medicine.
  그는 그 약을 먹자 즉시 잠이 들었다.

in a hurry [in ə hɚ́ːri]

doing something quickly without wasting time
시간 낭비 없이 빨리 하는

> 형 바쁜, 급한

- He left the house in a hurry
  그는 급히 집을 떠났다.

late [leit]

after the usual or expected time
평상시나 예정된 시간보다 나중에

> 부 늦게
> later, latest
> 형 늦은

- Her friend was late
  그녀의 친구는 늦었다.

long [lɔ(ː)ŋ]

showing duration or the time taken for something
어떤 일을 하는 데 시간이 걸리는

> 형 긴
> longer, longest
> length 명 길이 [I 29]

- It always takes her a long time to get dressed.
  그녀는 옷을 입을 때 항상 시간이 오래 걸린다.

on time [ən táim]

at the expected or correct time
예상되거나 정확한 시간에

> 형 시간을 어기지 않고,
> 정각에
> in time 형 때를 맞춰

- The train was not on time.
  그 기차는 정각에 오지 않았다.

ready [rédi]

prepared
준비된

> 형 준비된
> readier, readiest

- She was not ready when he arrived.
  그가 도착했을 때 그녀는 준비가 되지 않았다.

spend [spend]

to take time to do or complete something
어떤 일을 하는 데 시간을 소비하다

> 동 소비하다, 시간을 보
> 내다
> spent (pt.+pp.)

- He spent the whole day at the pool.
  그는 수영장에서 하루 종일을 보냈다.

sudden [sʌ́dən]

happening quickly and without warning
예고 없이 급속히 일어나는

형 돌연한
suddenly 부 갑자기

- He felt a sudden pain in his chest.
  그는 가슴에 갑작스런 통증을 느꼈다.

---

take [teik]

to require a certain amount of time
어떠한 시간의 양이 요구되다

동 시간이 걸리다
took (pt.) taken (pp.)
[ⅰ 11]

- It took her two hours to make the cake.
  그녀가 케이크를 만드는 데 2시간이 걸렸다.

---

waste [weist]

not to make good use of time
시간을 잘 활용하지 못하다

동 낭비하다
a waste of time 명 시
간 낭비

- He wastes a lot of time looking out the window.
  그는 창 밖을 내다보며 많은 시간을 낭비한다.

QUANTITY AND DEGREE
양과 정도

---

about [əbáut] [Ⅰ 20]
nearly
거의

부 대략

- It is about five o'clock.
  5시쯤 되었다.

---

all [ɔːl]
the whole of ; every one of
전체의

 형 모두

- She broke all of the eggs.
  그녀는 계란을 전부 깨뜨렸다.

126

almost [ɔ́:lmoust]

nearly
거의

- **A car almost hit him.**
  어떤 차가 하마터면 그를 칠 뻔했다.

another [ənʌ́ðər]

one more of the same
같은 것 하나 더

🄫 다른 것

- **Would you like another cup of coffee?**
  커피 한 잔 더 드시겠어요?

any [əni]

one, no matter which one
막연한 것

🄫 어떤 것

- **Do you like any of these rings?**
  이 반지들 중에서 어떤 것이 마음에 드세요?

bit [bit]

a small piece of something
어떤 것의 작은 조각

🄫 조각, 부스러기

- **She dropped a bit of cake on the floor.**
  그녀는 바닥에 케이크 부스러기를 떨어뜨렸다.

a bit [ə bit]
a little
다소

〔부〕 약간

- **The dress is a bit big.**
  그 옷은 약간 컸다.

both [bouθ]
the two ; the one and the other
둘 다 모두

〔형〕 둘 다

- **Both the girls wore hats.**
  두 소녀 모두 모자를 썼다.

each [iːtʃ]
every one of two or more
둘이나 그 이상 중의 모두

〔형〕 각각

- **Each of the children has a bag.**
  어린이들은 각자 가방을 갖고 있다.

either [íːðər]

one or the other
둘 중의 하나

- Can either of you play the piano?
  너희들 중에서 누가 피아노 칠 줄 아니?

either [íːðər]

after negative statements meaning not also
역시 같지 않은

- She cannot swim and he cannot either.
  그녀는 수영을 못하고 그도 역시 못한다.

enough [ináf]

as much as is needed or necessary
필요한 만큼 많은

- There was not enough food for everyone.
  모두를 위해서는 음식이 모자랐다.

entire [intáiər]

the whole ; all
모든 : 전부

형 전체의
entirely 부 전체적으로

- The entire family came to visit him.
  전 가족이 그를 찾아왔다.

extra [ékstrə]

more than what is needed or usual
필요거나 평범한 것 이외에

형 여분의

- There is an extra wheel at the back.
  뒤에는 여분의 바퀴가 있다.

few [fjuː]

not many
많지 않은

형 거의 없는(부정)

- Few people came to the concert.
  그 연주회에는 불과 몇 명밖에 안 왔다.

a few [ə fjuː]

a small number
적은 수의

> 형 적은 수의, 약간의

| | | APRIL | | | | |
MON	TUE	WED	THUR	FRI	SAT	SUN
		1	2	3	4	5
6	7	8	9	10	11	12
13	14	15	16	17	18	19
20	21	22	23	24	25	26
27	28	29	30			

- There are only a few days left this month.
  이 달도 며칠 안 남았다.

group [gruːp]

several things or people placed together
같은 장소에 있는 사물이나 사람들

> 명 집단, 모임

- He took a photo of the family group.
  그는 그 가족의 사진을 찍었다.

hardly [háːrdli]

almost not
거의 ~아닌

> 부 거의 ~아니다

- He could hardly reach the box.
  그는 그 상자에 손이 거의 닿지 않았다.

less [les]

a smaller amount of something
어떤 것의 더 작은 양

> 則 보다 적게
> 휑 더욱 적은
> 명 보다 적은 수(양, 액수)

- He should smoke less.
  그는 담배를 더 적게 피워야 한다.

---

a little [ə lítl]

small in amount or size
양이나 크기가 적은

> 휑 적은

- There is only a little sugar left.
  설탕이 조금밖에 남지 않았다.

---

a lot of [ə lát əv]

a large amount of
양이 많은

> 휑 많은 (복수=lots of)

- A lot of people waited outside the shop.
  많은 사람들이 상점 밖에서 기다렸다.

many [méni]

a great number of
많은 수의

 형 많은(셀 수 있는 명사 앞)

- Many of the trees were blown over.
  많은 나무들이 쓰러졌다.

more [mɔːr]

a further or greater amount of something
양이나 수가 더 많은

형 더 많은
명 더 많은 양(수)

- Would you like some more rice?
  밥 좀 더 드시겠어요?

most [moust]

nearly all of
거의 전부

 형 대부분

- Most of the glasses were broken.
  대부분의 유리잔이 깨졌다.

much [mʌtʃ]

a great amount or degree of
양이나 정도가 많은

형 많은(셀 수 없는 명사 앞)

- There was not much water left.
  물이 많이 남지 않았다.

neither [níːðər]

not one nor the other
모두 아닌

형 어느 쪽도 ~아닌(전
체 부정)

- Neither of the girls would dance with him.
  어떤 여자도 그와 춤을 추려 하지 않았다.

none [nʌn]

not one ; not any of
아무도 아닌

대 아무도 ~않다
부 조금도 ~않다

- She looked for the eggs but there were none left.
  그녀는 계란을 찾아 보았지만 하나도 남지 않았다.

only [óunli]

this or these and no other
한정된 어느 것

형 오직
부 유일하게

■ Only adults can see this film.
성인만이 이 영화를 볼 수 있다.

other [ʌ́ðər]

the one that remains from two or more
둘 또는 그 이상 중에서 하나 남은

형 다른

another 형 또 다른 하나

(=one more)

■ Please show me the other camera.
다른 카메라를 보여주시오.

part [pɑːrt]

some, but not the whole of something
어떤 것의 전부가 아닌 일부

명 부분

■ Only part of an iceberg is above the water.
빙산의 일부만이 물 위에 떠 있다.

piece [piːs]

a part of something
어떤 것의 일부

명 조각

- She cut a piece of cake.
  그녀는 케이크의 한 조각을 잘랐다.

plenty [plénti]

a full supply, as much as is wanted
필요한 만큼의 충분한 양

명 많음, 다량

- There is plenty of food in the cupboard.
  찬장에는 많은 음식이 있다.

quite [kwait]

to some degree
어느 정도

부 매우, 꽤

- He was still quite tired when he got up.
  그가 일어났을 때까지도 그는 여전히 매우 피곤했다.

the rest [ðə rest]

what remains
남아있는 것

명 나머지

- He took ＄50 and gave the rest to his wife.
  그는 50달러를 갖고 나머지는 아내에게 주었다.

---

several [sévərəl]

more than two of but not many
둘보다는 많지만 그리 많지는 않은

형 몇 개의

- Several of the passengers were sick.
  몇 명의 승객들이 멀미를 했다.

---

so [sou] such [sətʃ]

to such a degree
그와 같이

so 부 아주, 매우(형용사 앞)
such 형 그러한(명사 앞)

- The star was so small (such a small star) he couldn't see it.
  그 별은 너무 작아서 볼 수 없었다.

some [sʌm]

a certain amount or number of
어떤 양이나 수

형 약간의 (의문문에서는
any)

- There is some fruit on the table.
  테이블 위에 약간의 과일이 있다.

together [təgéðər]

with another person or other people
다른 사람들과 함께

부 함께

- They cleaned the room together.
  그들은 함께 방을 청소했다.

too [tuː]

to a greater degree than is wanted
필요한 것보다 더 많은 정도의

부 너무

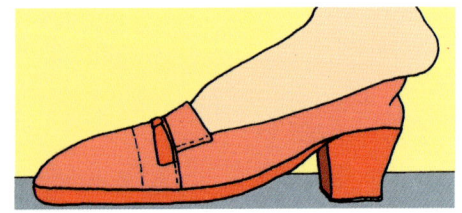

- The shoe was too small.
  그 구두는 너무 작았다.

very [véri]
to a great degree
많은 정도의

〔부〕 매우

■ This ring is very expensive.
이 반지는 매우 비싸다.

---

well [wel]
in a good or suitable manner
어떤 일에 능한

〔부〕 잘, 훌륭하게

■ He does not play the piano well.
그는 피아노를 잘 치지 못한다.

---

whole [houl]
all of something
어떤 것의 전부

〔형〕 전체의

■ He ate the whole chicken.
그는 닭을 모두 먹어치웠다.

above [əbʌ́v]
전 ~의 위에 (떨어진)

- The light is above the desk.
  책상 위에 전등이 있다.

across [əkrɔ́ːs]
전 ~을 가로질러, 횡단하여

- The dog ran across the road.
  그 개는 길을 가로질러 달렸다.

against [əgénst]
전 ~에 대항하여, ~에 대해

- He leant against the wall.
  그는 벽에 기댔다.

ahead [əhéd]
부 앞쪽에, 앞으로

- She ran ahead.
  그녀는 앞으로 달렸다.

along [əlɔ́(ː)ŋ]
전 ~을 따라서

- We walked along the street.
  우리는 길을 따라서 걸었다.

alongside [əlɔ́(ː)ŋsàid]
전 ~의 곁에, 옆쪽에

- He stood alongside her.
  그는 그녀 옆에 서 있었다.

among [əmʌ́ŋ] (or amongst)
전 (셋 이상의) 사이에서

- He walked among the crowd.
  그는 군중 속을 걸었다.

around [əráund]
전 ~의 주위에, ~의 둘레에

- We walked around the house.
  우리는 집 주위를 거닐었다.

at [ət] [Ⅰ 31]
전 ~에서

- We met him at the bank.
  우리는 은행에서 그를 만났다.

away [əwéi] [Ⅰ 23]
부 저쪽으로, 떨어져서

- The girl ran away.
  그 소녀는 달아났다.

LOCATION AND DIRECTION

back [bæk] [Ⅰ23]
(부) 돌아와서

- He is not back yet.
  그는 아직 돌아오지 않았다.

backwards [bǽkwərdz]
(부) 뒤로

- He fell backwards.
  그는 뒤로 넘어졌다.

behind [biháind]
(전) ~의 뒤에

- She stood behind the door.
  그녀는 문 뒤에 서 있었다.

below [bilóu]
(전) ~보다 아래에

- He dived below the water.
  그는 물 속으로 다이빙했다.

beside [bisáid]
(전) ~의 옆에, ~가까이에

- There is a garden beside the house.
  그 집 옆에는 정원이 있다.

between [bitwíːn]
(전) (둘) 사이에

- They planted flowers between the trees.
  그들은 나무와 나무 사이에 꽃을 심었다.

by [bai] [Ⅰ 20, 31]
전 ~의 가까이에

- They walked by the river.
  그들은 강가를 거닐었다.

down [daun]
전 ~의 아래로

- They walked down the street.
  그들은 길을 걸어 내려갔다.

forward [fɔ́:rwərd]
부 전방으로

- She moved forward.
  그녀는 앞으로 나아갔다.

from [frəm]
전 ~으로부터

- Come away from the window.
  창가에서 멀리 떨어지시오.

in [in] [Ⅰ 23, 31]
전 ~안에

- Sit in the car.
  차 안에 타시오.

in front of [in frʌnt əv]
전 ~의 앞에

- Wait in front of the cinema.
  극장 앞에서 기다려라.

LOCATION AND DIRECTION

into [íntə]
전 ~의 안에(으로)

- Put it into the box.
  그것을 상자 안에 넣어라.

next to [nekst tu]
전 ~다음에, 옆에

- The hotel is next to the church.
  그 호텔은 교회 옆에 있다.

off [ɔːf]
전 ~에서 떨어져서

- He took off his hat.
  그는 모자를 벗었다.

on [ən]
전 ~의 위에

- Put it on the table.
  그것을 테이블 위에 놓아라.

opposite [ápəzit]
전 ~의 반대편에

- The restaurant is opposite the market.
  그 식당은 시장 맞은 편에 있다.

out of [aut əv]
전 ~의 밖으로

- Take the letter out of the envelope.
  편지를 봉투에서 꺼내라.

over [óuvər]

전 ~을 넘어서

- The horse jumped over the fence.
  그 말은 담장을 뛰어넘었다.

past [pæst]

전 ~을 지나서

- We went past the house.
  우리는 그 집을 지나갔다.

right [rait]

부 똑바로

- Go right to the end of the street.
  이 길 끝까지 가시오.

round [raund]

부 돌아서

- He turned round.
  그는 회전했다.

straight [streit]

부 곧바로

- Go straight home.
  집으로 곧장 가시오.

through [θru:]

전 ~을 통하여

- The cat climbed through the window.
  그 고양이는 창문을 통과해서 올라갔다.

LOCATION AND DIRECTION

to [tu]
전 ~으로

- He ran to the door.
  그는 문으로 달려갔다.

towards [tɔ́ːrdz]
전 ~쪽으로, ~을 향하여

- The dog ran towards them.
  그 개는 그들 쪽으로 달려갔다.

under [ʌ́ndər] (or underneath)
전 ~의 아래에

- The dog was under the table.
  그 개는 테이블 밑에 있었다.

up [ʌp]
전 ~위로 (동작)

- The monkey climbed up the tree.
  그 원숭이는 나무 위로 올라갔다.

upside down [ʌ́psàid daun]
부 거꾸로

- The picture was upside down.
  그 그림은 거꾸로 걸려 있었다.

anywhere [ǽnihwɛ̀ər]
⊞ 어디든지

- He couldn't find his bag anywhere
  그는 어디에서도 그의 가방을 찾을 수 없었다.

everywhere [évrihwɛ̀ər]
⊞ 모든 장소에

- He looked everywhere for his ring.
  그는 반지를 찾기 위하여 여러 곳을 찾았다.

here [hiər]
⊞ 여기에

- Anne has been here for a month.
  앤은 한 달 동안 여기에 있었다.

nowhere [nóuhwɛ̀ər]
⊞ 아무 곳도

- They slept in the park because they had nowhere to stay.
  그들은 아무 데도 머물 곳이 없어서 공원에서 잤다.

somewhere [sʌ́mhwɛ̀ər]
⊞ 어디엔가

- Peter lives somewhere near here.
  피터는 이 근처 어디엔가 살고 있다.

147

LOCATION AND DIRECTION

there [ðɛər]
분 그곳에

- The hotel is over there.
  그 호텔은 저쪽에 있다.

Directions 방향

north [nɔːrθ]
분 북쪽으로   명 북쪽

nothern [nɔ̀ːrθərn]
형 북쪽의

south [sauθ]
분 남쪽으로   명 남쪽

southern [sʌ́ðərn]
형 남쪽의

east [iːst]
분 동쪽으로   명 동쪽

eastern [íːstərn]
형 동쪽의

west [west]
부 서쪽으로 명 서쪽

western [wéstərn]
형 서쪽의

LOCATION AND DIRECTION

35 PRONOUNS
대명사

주격 Subject	소유격 Poss. Adj.	목적격 Object	소유대명사 Poss. pronoun
1st person singular 1인칭 단수			
I I want the book. 나는 그 책을 원한다.	**my** It is my book. 그것은 나의 책입니다.	**me** Give it to me. 그것을 내게 주시오.	**mine** It is mine. 그것은 나의 것입니다.
2nd person singualr & plural 2인칭 단수 · 복수			
you You want the book. 당신은 그 책을 원한다.	**your** It is your book. 그것은 당신의 책이다.	**you** I'll give it to you. 나는 그것을 당신에게 주겠다.	**yours** It is yours. 그것은 당신 것이다.
3rd person singular 3인칭 단수			
he He wants the book. 그는 그 책을 원한다.	**his** It is his book. 그것은 그의 책이다.	**him** Give it to him. 그것을 그에게 줘라.	**his** It is his. 그것은 그의 것이다.
she She wants the book. 그녀는 그 책을 원한다.	**her** It is her book. 그것은 그녀의 책이다.	**her** Give it to her. 그것을 그녀에게 줘라.	**hers** It is hers. 그것은 그녀 것이다.
1st person plural 1인칭 복수			
we We want the book. 우리는 그 책을 원한다.	**our** It is our book. 그것은 우리들의 책이다.	**us** Give it to us. 그것을 우리에게 주시오.	**ours** It is ours. 그것은 우리 것이다.

PRONOUNS

150

주 격 Subject	소유격 Poss. Adj.	목적격 Object	소유대명사 Poss. pronoun
3rd person plural　3인칭 복수			
they They want the book. 그들은 그 책을 원한다.	**their** It is their book. 그것은 그들의 책이다.	**them** Give it to them. 그것을 그들에게 줘라.	**theirs** It is theirs. 그것은 그들의 것이다.
it It wants the apple. 그것은 사과를 원한다.	**its** This is its apple. 이것은 그것의 사과이다.	**it** Give the apple to it. 그것에게 사과를 줘라.	

Reflexive pronouns　재귀대명사

- I'll do it myself.
  내가 그것을 하겠다.

- You'll do it yourself.
  당신 자신이 그것을 할 것이다.

- He'll do it himself.
  그 자신이 그것을 할 것이다.

- She'll do it herself.
  그녀 자신이 그것을 할 것이다.

- We'll do it ourselves.
  우리들 자신이 그것을 하겠다.

- They'll do it themselves.
  그들 자신이 그것을 할 것이다.

- It'll do it itself.
  그것 스스로가 그것을 할 것이다.

PRONOUNS

anyone [éniwʌ̀n] / anybody [énibàdi]
누구든지

- Has anyone seen my glasses?
  누가 내 안경을 보셨습니까?

anything [éniθìŋ]
어떤 것이든지

- Have you anything for a headache?
  어떤 두통약이 있습니까?

everyone [évriwʌ̀n] / everybody [évribàdi]
모든 사람

- Everyone can go home now.
  모두들 지금 집에 가도 좋다.

everything [évriθìŋ]
모든 것

- Everything she cooks is delicious.
  그녀가 만든 것은 모두 맛이 있다.

no one [nou wʌn] / nobody [nóubàdi]
아무도

- No one has called today.
  오늘 아무도 전화를 걸지 않았다.

nothing [nʌ́θiŋ]
아무 것도

- She has got nothing to wear to the party.
  그녀는 파티에 입을 옷이 하나도 없다.

someone [sʌ́mwʌn] / somebody [sʌ́mbàdi]
어떤 사람

- I heard someone call your name.
  나는 누군가 너를 부르는 소리를 들었다.

something [sʌ́mθiŋ]
어떤 것

- He heard something making a noise in the garden.
  그는 어떤 것이 정원에서 소리 내는 것을 들었다.

PRONOUNS

after [ǽftər]
전 ~후에

- After dinner he went to bed.
  저녁 식사 후에 그는 자러 갔다.

afterwards [ǽftərwərdz]
부 뒤에, 그 후

- We will eat first and go shopping afterwards.
  우리는 먼저 식사를 하고 난 후에 쇼핑을 갈 것이다.

again [əgén]
부 다시

- I will see the doctor again next week.
  나는 다음 주에 다시 진찰받을 것이다.

ago [əgóu]
부 ~이전에

- He arrived a few days ago.
  그는 며칠 전에 도착했다.

already [ɔːlrédi]
(부) 벌써, 이미

- I have already had my dinner.
  나는 이미 저녁을 먹었다.

always [ɔ́ːlweiz]
(부) 늘, 항상

- I always get up early.
  나는 항상 일찍 일어난다.

as soon as [əz suːn əz]
(접) ~하자마자 곧

- As soon as she arrived she telephoned me.
  그녀는 도착하자마자 내게 전화했다.

before [bifɔ́ːr]
(접) ~전에

- Before he left home he locked the windows.
  그는 집을 떠나기 전에 창문을 잠궜다.

during [djú(ː)riŋ]
(전) ~동안에

- During the weekend I read a book.
  주말 내내 나는 책을 읽었다.

ever [évər]
(부) 전에

- Have you ever eaten frogs' legs?
  전에 개구리 다리를 먹어본 적이 있습니까?

TIME AND FREQUENCY

every [évri]
(부) 매~, 모든

- Farida walks to the office every morning.
  패리다는 매일 아침 걸어서 출근한다.

forever [fərévər]
(부) 영원히

- I will remember you forever.
  당신을 영원히 기억할 것입니다.

generally [dʒénərəli]
(부) 일반적으로, 대개

- What do you generally do in the evening?
  당신은 저녁에 대체로 무엇을 합니까?

just [dʒʌst]
(부) 이제 막, 방금

- The manager has just left.
  그 매니저는 방금 떠났다.

lately [léitli]
(부) 최근에, 요즘

- Have you been to the movies lately?
  최근에 영화관에 간 적이 있습니까?

meanwhile [míːnhwàil]
(부) 그럭저럭하는 사이에, 그 동안

- Eat your dinner. Meanwhile I'll finish this letter.
  저녁식사를 하시오, 그 동안 나는 이 편지를 끝내겠소.

never [névər]

(부) 결코, 절대

- She is never late.
  그녀는 절대 늦지 않는다.

now [nau]

(부) 지금, 현재

- He lives in London now.
  그는 현재 런던에 살고 있다.

nowadays [náuədèiz]

(부) 요즈음에는, 현재에는

- Meat is expensive nowadays.
  요즘에는 고기값이 비싸다.

often [ɔ́(ː)fən]

(부) 종종, 자주

- How often do you go to the movies?
  당신은 영화관에 얼마나 자주 갑니까?

recently [ríːsəntli]

(부) 최근에

- I was in New York recently.
  나는 최근에 뉴욕에 있었다.

since [sins]

(전) ~이래, ~이후

- He has been here since Tuesday.
  그는 화요일 이래 죽 여기에 있었다.

TIME AND FREQUENCY

sometimes [sʌ́mtàimz]
(부) 때때로, 가끔

- I sometimes play tennis.
  나는 가끔 테니스를 친다.

soon [suːn]
(부) 곧

- She will be ready soon
  그녀는 곧 준비가 될 것이다.

still [stil]
(부) 아직까지

- Do you still feel unwell?
  당신은 아직도 몸이 불편합니까?

then [ðen]
(부) 그때

- I lived in America then
  나는 그때 미국에서 살았다.

until [əntíl]
(부) ~까지

- George will be here until Friday.
  조지는 금요일까지 여기 있을 것이다.

used to [juːstə]
(조) ~하곤 했다(과거)

- I used to live in Australia.
  나는 호주에 살았었다.

usually [júːʒuəli] / usual [júːʒu(ə)l]
부 대개, 보통은 / 형 평소의, 일상의

- What do you usually eat for lunch?
  당신은 대개 점심으로 무엇을 먹습니까?

when [hwen]
접 ~할 때

- I bought this camera when I was in Berlin.
  나는 베를린에 있을 때 이 카메라를 샀다.

whenever [hwenévər]
접 ~할 때는 언제나

- Whenever I drink coffee I feel ill.
  나는 커피를 마시면 언제나 기분이 안 좋다.

while [hwail]
접 ~하는 동안에

- While I was in Paris I studied French.
  파리에 있는 동안에 나는 불어를 공부했다.

yet [jet]
부 아직

- He hasn't found a job yet.
  그는 아직 직업을 못 구했다.

TIME AND FREQUENCY

STRUCTURE WORDS
구조어

a [ə, ei] / an [ən, æn]
하나의, ~종류의

- This is a camera.
  이것은 카메라이다.
- A lion is an animal.
  사자는 동물이다.
- Give me six eggs and an orange.
  달걀 여섯 개와 오렌지 한 개를 주세요.

also [ɔ́ːlsou]
역시, 또한

- George is lazy and he is also dishonest.
  조지는 게으르며 정직하지도 않다.

and [ənd]
~과(와), 그리고

- This is my mother and my father.
  이분들은 나의 어머니와 아버지이시다.

as [əz]
~했기 때문에, ~할 때, ~로서, ~만큼 … 한

- **As** the horse is old, it cannot run fast.
  그 말은 늙었기 때문에 빨리 달릴 수 없다.

- **As** I was taking a bath, the phone rang.
  내가 목욕하고 있을 때, 전화벨이 울렸다.

- He works **as** a carpenter.
  그는 목수로 일하고 있다.

- This shirt is not **as** nice as that one.
  이 셔츠는 저것만큼 좋지 않다.

as well as [əz wel əz]
~만큼 … 한

- He does not speak English **as well as** French.
  그는 불어만큼 영어를 못한다.

- He bought a hat **as well as** a tie.
  그는 넥타이 이외에 모자도 하나 샀다.

be [bi] / am [æm] / is [iz] / are [ər]
~이다

- I **am** a teacher.
  나는 선생이다.

- He **is** a doctor.
  그는 의사이다.

- I **was** sick yesterday.
  나는 어제 아팠다.

- You **were** late yesterday.
  당신은 어제 늦었다.

- He **was** on holiday last month.
  그는 지난 달에 휴가였다.

- I have **been** ill.
  나는 지금까지 아팠다.

- The car **is** being fixed.
  그 차는 수리중이다.

- The house **is** going to be painted.
  그 집은 페인트로 칠해질 것이다.

STRUCTURE WORDS

because [bikɔ́(ː)z]
~때문에

■ We went inside because it was raining.
비가 오고 있어서 우리는 안으로 들어갔다.

but [bʌt]
그러나

■ He is young but he is strong.
그는 어리지만 힘이 세다.

even [íːvən]
~조차

■ He was so tired he didn't even have his dinner.
그는 너무 피곤해서 저녁조차 안 먹었다.

except [iksépt]
~을 제외하고

■ I work every day except Sunday.
나는 일요일을 제외하고 매일 일한다.

for example [fər igzǽmpl]
예를 들면

■ You should exercise every day, by walking to work for example.
당신은 예를 들면 걷기, 일하기 등과 같이 매일 운동을 해야 합니다.

have [həv] (1)
~을 가지고 있다.

■ I have two sisters, George has one sister.
나는 여동생이 둘이고, 조지는 여동생이 하나이다.

- I had a cold last week.
나는 지난 주 감기에 걸렸다.

have [həv] (2)
현재완료의 조동사

- I have never been to New York.
나는 뉴욕에 가본 적이 없다.
- George has been ill for three days.
조지는 3일 동안 아팠다.

however [hauévər]
그러나

- The picnic is tomorrow, however, if it rains it will be next week.
내일 소풍을 간다. 그러나 비가 오면 다음 주에 갈 것이다.

if [if]
만약에, ~일지 아닐지

- If it rains the game will be cancelled.
비가 온다면 그 경기는 취소될 것이다.
- Ask him if he will come.
그가 올지 안 올지 물어봐라.

instead [instéd]
~대신에

- Instead of going swimming, let's play tennis.
수영하러 가지 말고 대신 테니스 치자.

or [ɔːr]
혹은, 그렇지 않으면

- Would you like tea or coffee?
차를 드시겠습니까, 아니면 커피를 드시겠습니까?

STRUCTURE WORDS

- Stop or I will call the police.
멈추지 않으면 경찰을 부르겠다.

perhaps [pərhǽps]
아마도, 어쩌면

- Perhaps you will be rich one day.
아마도 당신은 언젠가 부자가 될 것이다.

so [sou]
그래서

- It was raining so we went inside.
비가 와서 우리는 안으로 들어갔다.

than [ðən]
~보다 더

- This bag is heavier than that one.
이 가방은 저것보다 더 무겁다.

that [ðət]
~한

- This is the book that I bought.
이것은 내가 산 책이다.

that [ðət] (복수 = those)
저것, 저

- Give me that book.
저 책을 내게 주시오.

the [ðə]
그, 저

- Look at the moon.
  달을 보라.

- The lion is a strong animal.
  사자는 힘센 동물이다.

- This is the girl that I will marry.
  이 사람이 나와 결혼할 여자이다.

- I bought a radio and a camera, and gave the radio to my mother.
  나는 라디오와 카메라를 샀는데 어머니에게 라디오를 드렸다.

there is [ðɛər iz] (복수 = there are)
~이 있다

- There is a book on the table.
  테이블 위에 책이 한 권 있다.

this [ðis] (복수 = these)
이것, 이곳

- This is a nice place for a picnic.
  이곳은 소풍 오기에 아주 좋은 장소이다.

too [tuː]
역시, ~도 또한

- Mary speaks French and Anne does, too.
  메리는 불어를 할 줄 알고 앤도 역시 할 줄 안다.

though [ðou] / although [ɔːlðóu]
비록 ~일지라도

- Though he is young, he is strong.
  그는 비록 어리지만 힘이 세다.

STRUCTURE WORDS

unless [ənlés]
만약 ~아니면

- Unless you stop fighting, I will go home.
  싸움을 멈추지 않으면 나는 집에 가겠다.

whether [hwéðər]
~인지 아닌지

- I don't know whether I can come.
  내가 올 수 있을지 없을지 모르겠다.

with [wið]
~와 함께, ~을 가진

- Have you ever seen a dog with five legs?
  다리가 다섯 개인 개를 본 적 있습니까?

without [wiðáut]
~이 없이

- Don't walk in the sun without a hat.
  모자를 쓰지 않고 햇빛 속을 걷지 마라.

Question words 의문사

how [hau]
얼마나, 어떻게

- How old is she?
  그녀는 몇 살입니까?

- Do you know how old she is?
  당신은 그녀가 몇 살인지 아십니까?

what [hwʌt]
무엇, 것

- What time is it?
  몇 시입니까?
- I don't know what to do.
  나는 어찌 해야 할지 모르겠다.

when [hwen]
언제, 때

- When does the train arrive?
  기차가 언제 도착합니까?
- Do you know when the train arrives?
  당신은 기차가 언제 도착하는지 아십니까?

where [hwɛər]
어느 곳, 장소

- Where do you live?
  당신은 어디 사십니까?
- Do you know where he lives?
  당신은 그가 사는 곳을 아십니까?

which [hwitʃ]
어느 것, 어느

- Which is the road to the post office?
  우체국 가는 길이 어느 것입니까?
- I don't know which road to take.
  어느 길로 가야 할지 모르겠습니다.

STRUCTURE WORDS

who [huː] / whom [huːm]
누구 / 누구를

- **Who** is that man?
  저 남자는 누구입니까?
- Do you know **who** that man is?
  저 남자가 누구인지 아십니까?
- That is the man **whom** we met.
  저 사람이 우리가 만났던 사람입니다.

whose [huːz]
누구의, 누구의 것

- **Whose** book is this?
  이것은 누구의 책입니까?
- Do you know **whose** this is?
  이것이 누구 것인지 아십니까?

why [ʰwai]
왜, 어째서

- **Why** is she crying?
  그녀는 왜 울고 있습니까?
- I don't know **why** she is crying.
  나는 그녀가 우는 이유를 모릅니다.

부록

VIVA

Vivid **I**mages **V**arious **A**ctivities

▶ IDIOMS 영어숙어

교과서나 시험에 자주 나오는 숙어를 예문과 함께 정리하였습니다.
숙어 뒤의 별표(asterisk)는 그 숙어의 난이도를 나타냅니다.

- **a couple of~**   한 짝의, 두 개의***

  Within a couple of years, we too had a camcorder.
  이삼년 안에 우리도 캠코더를 샀다.

- **a group of~**   일단의~***

  A group of people are waiting for you.
  일단의 사람들이 너를 기다리고 있다.

- **a lot**   많이*

  The wind was very strong and it rained a lot.
  바람이 매우 세찼고 비가 많이 내렸다.

- **a lot of~**   많은*

  There are a lot of books.
  많은 책들이 있다.

- **a pair of**   한 짝의***

  A pair of shoes costs $20.
  구두 한 켤레에 20달러이다.

according to~　　~에 따라***

We must live according to our income.
우리는 수입에 맞게 생활해야 한다.

after a time　　얼마 후에**

After a time, we reached there.
얼마 후 우리는 그곳에 도착했다.

agree to~　　(제안 · 계획)에 동의하다**

Do you agree to my suggestion?
나의 제안에 찬성하십니까?

agree with~　　(사람)에 동의하다**

I agreed with Nam-su.
나는 남수의 의견에 동의했다.

all afternoon　　오후 내내**

He will be at home all afternoon.
그는 오후 내내 집에 있을 것이다.

all kinds of~　　온갖 종류의~**

There are all kinds of animals in the zoo.
동물원에는 온갖 종류의 동물들이 있다.

all one's life　　평생토록**

I've studied all my life.
나는 지금까지 줄곧 공부해 왔다.

all over the world　　세계 도처에***

Korean people live all over the world.
한국인들은 세계 도처에서 살고 있다.

▪ all the time   줄곧, 항상*

He was away from home all the time.
그는 줄곧 집에 없었다.

▪ all the way   도중에, 멀리서***

Thank you for coming all the way to see me off.
멀리서까지 전송하러 나와주셔서 감사합니다.

▪ and so on   등등***

I gave him many things like pencils, books, and so on.
나는 그에게 연필, 책 등 여러 가지를 주었다.

▪ as～as...   …만큼 ～한***

I am as tall as you.
나는 너만큼 키가 크다.

▪ as though～   마치 ～처럼***

He spoke as though he had seen the president.
그는 마치 대통령을 만난 것처럼 말했다.

▪ ask for～   ～을 요구하다, 청구하다***

Everything that was asked for has now been sent.
요구된 물건은 모두 보내졌다.

▪ at last   마침내, 드디어***

At last, the winter was over.
마침내 겨울이 끝났다.

▪ at once   즉시, 동시에***

Don't try to do two things at once.
두 가지 일을 동시에 하려고 하지 마라.

at the same time   동시에***

I shot and at the same time Nam-su shot as well.
내가 쏜 것과 동시에 남수도 쏘았다.

be able to～   ~할 수 있다**

He is able to speak Korean.
그는 한국말을 할 수 있다.

be afraid of～   ~을 두려워하다, 걱정하다**

She was afraid of mice.
그녀는 쥐를 두려워한다.

be born   태어나다*

I was born in Seoul.
나는 서울에서 태어났다.

be different from～   ~와 다르다*

When I was a child, my taste in books was different from
what it is now.
어렸을 때의 책에 대한 나의 취향은 지금과는 달랐다.

be famous for～   ~로 유명하다***

London is famous for its fog.
런던은 안개로 유명하다.

be full of～   ~로 가득차다*

Junk shops are full of usable goods.
잡동사니 가게는 쓸 수 있는 물건들로 가득차 있다.

be good at~ ~을 잘하다, ~에 능숙하다***

He **is good at** mathematics.
그는 수학을 잘한다.

be good to~ ~에게 친절히 대하다***

They have **been good to** me so far.
지금까지 그들은 나에게 친절히 대했다.

be interested in~ ~에 흥미를 가지다***

I **am** much **interested in** music.
나는 음악에 많은 흥미가 있다.

be proud of~ ~을 자랑하다, 자만하다***

They may well **be proud of** their college.
그들이 그들의 대학을 자랑하는 것은 당연한 일이다.

be ready for~ ~의 준비가 되어 있다***

He **is ready for** a war with clothes and provisions.
그는 전쟁에 대비하여 의료품과 식료품을 준비해 놓고 있다.

be sure to~ 틀림없이 ~하다***

He **is sure to** succeed.
그는 틀림없이 성공한다.

because of~ ~때문에***

They can't divorce **because of** their children.
그들은 아이들 때문에 이혼할 수 없다.

before long 머지 않아, 이윽고***

He is not in now but he will come back **before long**.
그는 지금 외출중이지만 머지 않아 돌아올 것이다.

- **begin to~** ~하기 시작하다**

It **began to** rain early in the morning.
아침 일찍 비가 오기 시작했다.

- **believe in~** ~을 믿다***

She could make one **believe in** her world of fantasy.
그녀는 자신의 공상의 세계를 사람들이 믿도록 할 수 있었다.

- **by bus [train, plane, ship]** 버스[기차, 비행기, 배]로*

We went on a picnic **by bus**.
우리는 버스를 타고 소풍을 갔다.

- **by oneself** 스스로, 혼자 힘으로**

Did he do that **by himself** or did someone help him?
그가 혼자 했습니까, 아니면 누군가 도와주었습니까?

- **by the way** 그런데*

By the way, I have something to tell you.
그런데, 당신에게 할 말이 있습니다.

- **care for~** ~을 돌보다, ~을 좋아하다***

Mary **cared for** the children.
메리가 아이들을 돌보았다.

- **come about** 발생하다, 생기다**

Peace can only **come about** if each side agrees to yield to the other.
쌍방이 서로 양보하기로 합의만 하면 평화는 생길 수 있다.

come along   오다, 함께 오다***

You can come along if you want to.
네가 원한다면 와도 좋아.

come on   자! 기운을 내**

Come on, believe in yourself.
자, 기운 내, 자신을 가져.

come out   (밖으로) 나오다, 출판되다*

His new novel will come out next month.
그의 새 소설은 내달에 출판될 것이다.

come up   다가오다**

A stranger came up to me.
낯선 사람이 내게 다가왔다.

compare A to B   A를 B에 비유하다***

Life is often compared to voyage.
인생은 항해에 자주 비유된다.

※ compare A with B : A를 B와 비교하다.

depend on~   ~에 의존하다**

Children depend on their parents.
아이들은 부모에게 의지한다.

be different from~   ~와 다르다***

Man is different from other animals in many ways.
인간은 많은 점에서 다른 동물들과 다르다.

- **do one's best**　　최선을 다하다, 전력을 다하다*

You should always do your best.
항상 최선을 다해야만 한다.

- **each time**　　그때마다, 매번***

Each time he tried to meet her.
매번 그는 그녀를 만나려고 했다.

- **enjoy oneself**　　즐기다, 유쾌하게 보내다***

Please enjoy yourself while traveling here in Korea.
여기 한국에서 여행하는 동안 즐겁게 보내시기 바랍니다.

- **fall in love with~**　　~을 사랑하게 되다***

He fell in love with a girl.
그는 한 소녀를 사랑하게 되었다.

- **fall on**　　(어떤 날이) ~에 해당되다, ~날이다***

Christmas Day falls on a Monday this year.
금년에는 크리스마스가 월요일이다.

- **figure out**　　이해하다, 알다***

I can't figure out the answer.
나는 그 해답을 알 수 없다.

- **find out**   발견하다, (사실 등을) 알다**

  Be sure your sin will find you out.
  죄는 반드시 밝혀진다는 것을 명심하라.

- **for a while**   잠시동안**

  Let's take a break for a while.
  잠깐만 쉽시다.

- **for the first time**   처음으로**

  She returned home for the first time in twenty years.
  그녀는 20년만에 처음으로 고향에 돌아왔다.

- **from now on**   앞으로**

  Never tell a lie from now on.
  앞으로 절대 거짓말을 하지 마라.

- **from then on**   그때부터***

  From then on, the game was held every four years.
  그때부터 그 경기는 4년마다 한 번씩 열렸다.

- **from time to time**   때때로, 이따금**

  He came to see us from time to time.
  그는 가끔 우리를 만나러 왔다.

- **get along**   사이좋게 지내다**

  He seems to get along with all his friends.
  그는 그의 모든 친구들과 잘 지내고 있는 것 같다.

▪ get tired of ~   ~에 싫증나다***

I got tired of his criticism.
나는 그의 비평에 싫증이 났다.

▪ get to ~   ~에 도착하다***

We can't get to the theater quickly enough to see the play right from the beginning.
우리는 연극을 처음부터 볼 수 있을 정도로 빨리 극장에 도착할 수 없다.

▪ get together   모이다, 모으다*

They should get together and talk it over.
그들은 모여서 그것에 관하여 서로 이야기해야 한다.

▪ get up   일어나다*

I usually get up at six.
나는 항상 6시에 일어난다.

▪ give up ~   ~을 그만두다*

I gave up hope of solving the problem.
나는 그 문제를 푸는 것을 단념했다.

▪ go on (a picnic)   (소풍)을 가다*

We all went on a picnic last Sunday.
우리는 모두 지난 일요일에 소풍을 갔다.

▪ go to bed   자다, 취침하다*

I go to bed at ten.
나는 열시에 잔다.

▪ go without   ~없이 지내다***

We cannot go without water for even one day.
우리는 물 없이 단 하루도 지낼 수 없다.

- **grow up**   어른이 되다, 성장하다^{***}

Some girls wish to be doctors when they grow up.
어른이 되면 의사가 되고 싶어하는 여자 아이들이 있다.

- **had better~**   ~하는 편이 낫다, ~해야 한다^{***}

You had better go at once.
즉시 가는 것이 좋다.

- **have a good time**   즐겁게 보내다[*]

I had a good time at your birthday party.
당신의 생일 파티는 즐거웠습니다.

- **have fun**   재미있게 놀다, 흥겨워하다[*]

We went to the zoo and had great fun.
우리는 동물원에 가서 아주 재미있게 놀았다.

- **have fun with~**   ~와 재미있게 놀다[*]

Sometimes pilots have fun with their animal passengers.
때때로 비행사들은 그들의 동물 승객들과 재미있게 논다.

- **hear from~**   ~로부터 소식을 받다^{***}

I've never heard from her for a long time.
그녀로부터 오랫동안 소식이 없다.

- **hurry up**   서두르다^{***}

Hurry up, or you will be late.
서둘러라, 그렇지 않으면 늦을 것이다.

- **in a hurry**   서둘러서*

I thought you were in a hurry.
나는 네가 서두르고 있다고 생각했다.

- **in fact**   사실은***

I think so, in fact, I'm quite sure.
나는 그렇게 생각하는데, 사실은 그것을 확신하고 있다.

- **in front of~**   ~의 앞에***

A child ran out in front of me.
어린애가 내 앞으로 뛰어 나왔다.

- **in the middle of~**   ~의 한가운데에**

Namsan is in the middle of Seoul.
남산은 서울 한복판에 있다.

- **in time**   이윽고, 시간에 맞게***

Your mother gets well in time.
당신의 어머니는 조만간 좋아지실 겁니다.

- **instead of~**   ~대신에**

We use electricity for cooking instead of gas.
우리는 요리할 때 가스 대신에 전기를 쓴다.

- **keep –ing**　　　　계속해서 ~하다***

Please keep the fire burning.
불이 계속 타도록 해주세요.

- **kind of~**　　　　~종류의***

There are many kinds of flowers in the park.
공원에는 많은 종류의 꽃들이 있다.

- **laugh at~**　　　　~을 비웃다, 조롱하다*

Don't laugh at people for being poor.
가난하다고 사람들을 비웃지 마라.

- **listen to~**　　　　~에 귀를 기울이다, ~을 듣다*

I like to listen to the radio.
나는 라디오 청취하기를 좋아한다.

- **live on~**　　　　~을 먹으며 살다, ~을 주식으로 하다*

The Korean live on rice.
한국인은 쌀을 주식으로 한다.

- **look after~**　　　　~을 돌보아 주다, ~의 시중을 들다**

Helen has promised to look after our cat while we are away.
우리가 집을 비우는 동안 헬렌이 고양이를 돌봐 주겠다고 약속했다.

look around   둘러보다, 두루 구경하다**

We only had an hour to look around the city before lunch.
점심 전에 시내를 구경할 시간이 한 시간밖에 없다.

look at~   ~을 보다*

They are looking at the sky.
그들은 하늘을 쳐다보고 있다.

look for~   ~을 찾다, 구하다*

What are you looking for?
무엇을 찾고 있니?

look forward to~   ~을 기다리다**

I am looking forward to hearing from you.
나는 당신의 소식을 기다리고 있다.

look like~   ~인 것 같다, ~처럼 보이다*

It looks like rain.
비가 올 것 같다.

look up~   ~을 찾아보다**

Look up the word in your dictionary.
사전에서 그 단어를 찾아보아라.

look up to~   ~을 존경하다***

Among the girls he is always looked up to for his experience.
그는 소녀들 사이에서 풍부한 경험으로 항상 존경을 받는다.

- **make a fool of~**   ~을 바보로 만들다[**]

He was being made a fool of.
그는 놀림을 받고 있었다.

- **make one's living**   생계를 세우다, 생활비를 내다[***]

How does he make his living?
그는 그의 생계를 어떻게 세워나가고 있습니까?

- **make out~**   ~을 이해하다[***]

I can't make out what he is trying to say.
나는 그가 말하려는 것을 이해할 수 없다.

- **make use of~**   ~을 이용하다, 사용하다[***]

You must make use of your free time.
너는 너의 여가 시간을 이용해야 한다.

- **more and more**   점점 더[**]

I have thought more and more of my mother since her death.
나는 어머니가 돌아가신 후로 더욱 더 어머니를 생각하게 되었다.

- **most of all**   무엇보다도[***]

Most of all I want to visit my old friends.
무엇보다도 나는 옛 친구들을 찾고 싶다.

- **not all~**   모두 ~인 것은 아니다***

Not all food is good to eat.
모든 음식이 다 먹기 좋은 것은 아니다.

- **not ~ any more**   더 이상 ~하지 않다**

I can't give you any more money.
나는 너에게 더 이상 돈을 줄 수 없다.

- **on one's way**   도중에*

He took a taxi on his way back.
그는 돌아오는 도중에 택시를 탔다.

- **on one's way to~**   ~가는 길에**

I met my aunt on my way to church.
나는 교회에 가는 길에 이모를 만났다.

- **on the way**   ~에 가는 길에, 도중에**

She stopped at her uncle's on the way
그녀는 도중에 삼촌 댁에 들렀다.

- **once upon a time**   옛날 옛적에**

Once upon a time there lived a king.
먼 옛날 어떤 왕이 살고 있었다.

▪ one after another　　차례로[**]

They entered the room one after another.
그들은 차례로 방에 들어왔다.

▪ one another　　서로[**]

The girls are talking to one another.
소녀들이 서로 이야기를 나누고 있다.

▪ one day　　(흔히 과거의) 어느 날[***]

One day a girl came to see me.
어느 날 한 소녀가 나를 만나러 왔다.

▪ pick up～　　～을 집어 올리다, (사람)을 태우다[*]

Please let me pick up your sister at the station.
당신의 여동생을 역까지 마중나가게 해 주십시오.

▪ plan to～　　～할 계획이다[***]

I am planning to visit my uncle's next Sunday.
나는 다음 주 일요일에 삼촌 댁을 방문할 예정이다.

▪ put A into B　　A를 B로 번역하다[**]

He put a volume of poetry into Korean.
그는 시집 한 권을 한국어로 번역하였다.

▪ put on～　　～을 입다, (구두 등)을 신다[**]

You'll have to put on evening dress.
너는 야회복을 입어야만 할 것이다.

- **right now**   바로 지금***

My mother is reading a newspaper right now.
나의 어머니는 바로 지금 신문을 읽고 있다.

- **run away**   도망가다*

She hit the child and he ran away.
그녀가 그 아이를 때리자 그는 도망쳤다.

- **set the table**   식탁을 차리다**

She doesn't like to set the table late at night.
그녀는 밤늦게 식탁을 차리는 것을 좋아하지 않는다.

- **so far**   지금까지는***

So far we have enjoyed our journey very much.
지금까지 우리의 여행은 매우 즐거웠다.

- **someday**   (미래의) 언젠가, 훗날***

I'd like to visit your country someday.
나는 장차 당신의 나라에 가고 싶습니다.

- **start for~**   ~을 향해 출발하다***

He started for New York yesterday.
그는 어제 뉴욕을 향해 출발했다.

- **stop by~** ~에 들르다**

I **stopped by** at his office in the afternoon.
나는 오후에 그의 사무실에 들렀다.

- **take a look at~** ~을 보다, ~을 훑어보다**

Here is a newspaper. **Take a look at** it.
신문 여기 있다. 한 번 훑어보아라.

- **take A for B** A를 B로 잘못 생각하다***

I **took** him **for** a Frenchman.
나는 그를 프랑스인으로 오인했다.

- **take care of~** ~을 돌보다**

They will **take care of** my dog while I am away on a journey.
여행하는 동안 그들이 나의 개를 돌봐줄 것이다.

- **take down** 내리다**

She **took down** a box from a shelf.
그녀는 선반에서 상자를 내렸다.

- **take over** 인계받다, 떠맡다**

She **took over** the business after her husband died.
남편의 사망 후 그녀가 그 사업을 떠맡았다.

- **take part in~** ~에 참가하다***

I think most of them **took part in** the meeting.
나는 그들 중 대부분이 회합에 참가했다고 생각한다.

talk about~
~에 관하여 토의하다, 상담하다[*]

I've got something to talk about with you.
너와 상의할 것이 있다.

thank A for B
B에 대하여 A에게 감사하다[***]

He thanked the audience for listening to his lecture.
그는 그의 강의를 들어 준 것에 대해 청중에게 감사했다.

the other day
일전에, 며칠 전에[**]

I saw her the other day.
일전에 그녀를 만났다.

these days
요즈음[***]

How are you getting along these days?
너는 요즘 어떻게 지내니?

think of~
~을 생각하다, 회상하다[**]

We must think of ourselves as part of mankind.
우리는 스스로를 인류의 일부로 생각해야 한다.

turn back
되돌아오다[***]

Many of them had to turn back.
그들 중 많은 수가 되돌아와야만 했다.

turn off~
~을 끄다[**]

Don't forget to turn the light off before you come downstairs.
아래층으로 내려오기 전에 불 끄는 거 잊지 마라.

turn on~
~을 켜다[**]

Because she was cold she turned on the stove.
그녀는 추워서 스토브를 켰다.

■ used to～　　　　이전에는 자주 ～했다 **

I used to play tennis with him on holidays.
이전에는 휴일에 자주 그와 테니스를 쳤다.

■ wait for～　　　　～을 기다리다 **

Are you waiting for anybody?
누구를 기다리고 있습니까?

■ wake up　　　　깨어나다, 깨닫다, 일어나다 ***

Once I wake up at three or four in the morning, I can't get back to sleep again.
나는 아침 3시나 4시에 깨면 다시 잠들 수가 없다.

■ watch out　　　　조심하다 ***

Watch out. The car is coming.
조심해. 차가 오고 있어.

■ worry about～　　　　～의 일을 걱정하다 *

I sometimes worry about him.
나는 때때로 그의 일을 걱정한다.

to have strong feelings of **warmth** and **kindness** for someone.

not polite and not showing good manners.
not overweight ; attractively thin
having a lot of money and possessions.

place something under the ground and cover it with earth
not long or tall. **not beautiful or handsome ; not nice to look at.**
having a good appearance

▶ 영영해설 모음

People 사람

☐ **bury** 통 묻다 to place something under the ground and cover it with earth

☐ **die** 통 죽다 to stop living

☐ **fat** 형 뚱뚱한, 비만한 too large or big because of eating too much

☐ **good-looking** 형 예쁜, 보기 좋은 having a good appearance

☐ **greedy** 형 탐욕스런, 게걸스러운 always wanting more of something, such as food, money, etc.

☐ **grow up** 통 성장하다, 자라다 to become an adult

☐ **handsome** 형 잘생긴, 미남인, 외모가 멋진(주로 남자) pleasing and dignified in form or appearance

☐ **kind** 형 친절한, 상냥한 showing feeling and love

☐ **love** 통 사랑하다, 귀여워하다 to have strong feelings of warmth and kindness for someone

☐ **lucky** 형 행운의 something good which comes by chance

☐ **marry** 통 결혼하다, 혼인하다 to join a man and woman together as a husband and wife

☐ **old** 형 늙은, 낡은 not young ; having lived for a long time

☐ **polite** 형 예의바른 having good manners and behaving thoughtfully towards other people

☐ **poor** 형 빈곤한, 가난한 having almost no money and owning very little

☐ **pretty** 형 예쁜 nice-looking and attractive(used for women only)

☐ **proud¹** 형 거만한, 교만한 feeling too pleased with oneself

☐ **proud²** 형 자랑스러운, 자랑스럽게 여기는 feeling pleased about something which one has or which one
has done

☐ **rich** 형 부유한 having a lot of money and possessions

☐ **rude** 형 험한, 거친, 무례한 not polite and not showing good manners

- **short** 형 짧은, 왜소한 not long or tall

- **shy** 형 수줍어하는, 부끄러워하는 not feeling free and comfortable in front of other people

- **slim** 형 날씬한 not overweight ; attractively thin

- **supposed to** 형 가정된, 요구되는 to be expected or required to do something

- **tall** 형 키 큰 higher than is common or usual

- **thin** 형 마른 having very little fat on the body

- **to be born** 형 태어난 to come into the world from the mother's body

- **ugly** 형 못생긴, 못난 not beautiful or handsome ; not nice to look at

- **wealthy** 형 유복한, 부유한 having a great amount of money and property

- **young** 형 젊은, 어린 not old

Ourselves   자기 자신

- **angry** 형 화난, 노한 having very strong feelings against somebody or something

- **annoy** 동 화나게 하다, 괴롭히다 to cause someone or something to be angry

- **bad** 형 나쁜, 못된 not good

- **beautiful** 형 아름다운 having qualities that delight the senses, especially the sense of sight

- **behave** 동 행동하다 the way we act towards things and people

- **boring** 형 싫증나게 하는, 지루한 causing one to feel tired through not being interested in something

- **care about** 동 관심을 갖다, 신경쓰다 to be interested in or to worry about something and to have a feeling for it

- **cry** 동 울다, 소리지르다 to let tears come from one's eyes as a result of sadness or happiness

- **dream** 동 꿈을 꾸다 to imagine something while sleeping

- **dull** 형 머리가 둔한, 무딘, 지루한 not interesting

- **enjoy** 동 즐기다 to get happiness and pleasure from something

- **fair** 형 공평한, 깨끗한 right and reasonable

- **fun** 명 재미, 장난 a source of enjoyment, amusement, or pleasure

- **glad** 형 기쁜 to feel pleased or happy about something

192

□ **good** 형 좋은, 우수한 having qualities that are liked, wanted or pleasing

□ **grateful** 형 감사하는 to show or feel thanks for something

□ **happy** 형 행복한, 기쁜 feeling or showing pleasure

□ **hate** 동 미워하다 to have a strong feeling of not liking something

□ **help** 동 돕다 to make something easier for someone by doing part of the work for him

□ **interest** 동 흥미를 일으키다 to cause a feeling of wanting to know about something

□ **jealous** 형 질투하는 the feeling we have when we think someone we love, loves another person more than us

□ **kiss** 동 입 맞추다, 키스하다 to show strong love or feeling by touching with the lips

□ **laugh** 동 웃다 the sound and movement of the mouth which we make to show amusement or happiness

□ **let** 동 ~을 하도록 시키다 to allow or to make possible

□ **like** 동 좋아하다 to enjoy or get pleasure from something

□ **lonely** 형 외로운, 고독한 a feeling of missing one's friends and of being alone

□ **look after** 동 돌보다, 보살피다 to take care of

□ **love** 동 사랑하다, 아주 좋아하다 to have a strong liking for something

□ **lovely** 형 사랑스러운 nice, beautiful and likeable

□ **miss** 동 그리워하다, 보고 싶어하다 to feel the absence or lack of

□ **nice** 형 좋은, 훌륭한 pleasant and enjoyable

□ **pity** 동 동정하다 to feel sorry for the troubles of another person

□ **please** 동 기쁘게 하다 to make glad

□ **poor** 형 가난한, 저질의 of low quality

□ **prefer** 동 ~을 더 좋아하다 to like one thing better than another

□ **respect** 동 존경하다 to behave politely towards someone because of their age or position

□ **sad** 형 슬픈 to feel unhappy

□ **smile** 동 미소 짓다 a look on one's face showing pleasure or happiness

□ **sorry** 형 가엾은, 유감인 to feel sad about something that has happened or that we have done

□ **surprised** 형 놀란 the way we feel when something happens suddenly and unexpected

□ **tired of** 형 질린 to dislike something because of having enough or too much of it

□ **worry** 동 걱정하다 to feel unhappy in the mind because of something

- ☐ **breathe** 통 호흡하다 to take air in or out of the body through the nose

- ☐ **feel¹** 통 느끼다 to be aware of something or to experience something

- ☐ **feel²** 통 만지다 to touch something, usually with the hands

- ☐ **hear** 통 듣다 to be aware of sounds through the ears

- ☐ **look** 통 보이다 to seem or appear

- ☐ **look at** 통 바라보다 to turn towards ; to use one's eyes to see

- ☐ **relax** 통 쉬다, 휴식하다 to feel free from worry or work through amusement or pleasure

- ☐ **see** 통 보다 to be aware of something through the eyes

- ☐ **sleep** 통 자다 what happens to us when we relax and we close our eyes

- ☐ **touch** 통 대다, 만지다 to come into contact with something using the body

- ☐ **wake up** 통 잠을 깨다 to stop sleeping

- ☐ **watch** 통 지켜보다, 주시하다 to keep looking at something

Movements and Actions 동작과 행동

- ☐ **careful** 형 주의 깊은 doing something with thought and attention

- ☐ **catch** 통 잡다 to stop and take something using the hands

- ☐ **close** 통 닫다 to shut

- ☐ **come** 통 오다, 가다 to move towards a person or place

- ☐ **do** 통 하다 to perform an action

- ☐ **drop** 통 떨어뜨리다 to let something fall or to fall

- ☐ **fall** 통 떨어지다 to drop down freely

- ☐ **fast** 형 빠른 quick ; not slow

- ☐ **go** 통 가다 to move away from one place to another

- ☐ **lift** 통 들어올리다 to move or raise something to a higher position

- ☐ **move** 통 움직이다 to change the place or position of something

☐ **open** 동 열다 to move or release something from a closed position

☐ **pick up** 동 들어올리다, 집어들다 to take up something, usually with the hands

☐ **pull** 동 잡아당기다, 끌다 to move something towards one using force

☐ **push** 동 밀다, 밀치다 to move something forward by forcing from behind

☐ **put** 동 착용하다 to place something in a certain position

☐ **quick** 형 빠른 moving fast

☐ **run** 동 달리다, 뛰다 to move rapidly forward using the legs

☐ **show** 동 보여주다, 가르쳐 주다 to demonstrate

☐ **sit** 동 앉다 to rest the body on a chair, etc. with the back up straight

☐ **slow** 형 느린 not quick

☐ **stand** 동 서다 to put the body in an upright position supported by the feet

☐ **step on** 동 밟다 to place the foot on or over something

☐ **still** 형 조용한, 침묵을 지키는 not moving and without any sound

☐ **stop** 동 정지하다, 멈추다 to come to a position of not moving or doing anything

☐ **take** 동 가져가다 (오다) to carry something away from a place

☐ **throw** 동 던지다 to move something through the air using the hands

☐ **turn** 동 회전하다, 돌다 to move something around so that it is facing a different way

☐ **wait** 동 기다리다 to remain in one place until something happens which one is expecting

☐ **walk** 동 걷다 to move oneself forward on foot

Food and Eating　음식과 식사

☐ **bite** 동 깨물다, 물어뜯다 to cut at something with the teeth

☐ **boil** 동 끓이다 to bring a liquid to its hottest temperature

☐ **cook** 동 요리하다 to prepare food by heating it

☐ **cut** 동 자르다 to make a division in something or to take off a part of something using a knife, scissors, etc.

☐ **delicious** 형 맛있는 having a very nice taste or smell

☐ **drink** 동 마시다 to take liquid into the body through the mouth

- ☐ **drunk** 형 술 취한 to be unable to control oneself because of having drunk too much alcohol

- ☐ **eat** 동 먹다 to take in food through the mouth

- ☐ **flavor** 명 맛, 풍미 how something tastes when we put it in our mouth

- ☐ **fry** 동 튀기다 to cook something in oil

- ☐ **full** 형 배부른 to have eaten enough and not to want any more

- ☐ **hot** 형 뜨거운, 매운 having a burning taste ; containing strong spices

- ☐ **hungry** 형 배고픈 to feel the need to eat food

- ☐ **make** 동 만들다 to form ; to bring into existence

- ☐ **mix** 동 섞다 to bring different things together and combine them so they become one

- ☐ **raw** 형 생의, 날것의 not cooked

- ☐ **smell** 명 냄새 to become aware of something through the nose

- ☐ **sour** 형 신맛의 not sweet ; tasting or smelling of decay

- ☐ **suck** 동 빨아들이다 to use the mouth and the lips to take liquid into the mouth

- ☐ **swallow** 동 삼키다, 빨아들이다 the way we move the throat to make food go into the stomach

- ☐ **sweet** 형 단맛의 not sour ; tasting like sugar

- ☐ **taste** 동 맛이 나다 to get the flavor of something using the mouth

- ☐ **thirsty** 형 목마른 to feel the need to drink something

- ☐ **tough** 형 질긴, 거친 something that is difficult to eat because it is not soft

Clothes 의복

- ☐ **brush** 동 솔(빗)질하다 to use a brush to clean or tidy something

- ☐ **change** 동 바꿔 입다, 교체하다 to take off a piece of clothing and put on something different

- ☐ **clean** 형 깨끗한 free from dirt

- ☐ **comfortable** 형 안락한, 편안한 having everything that one needs to make one's body feel well

- ☐ **dirty** 형 더러운 not clean

- ☐ **dry** 동 말리다 to make something free from moisture

- ☐ **fashion** 명 유행 something which is thought to be attractive at a certain time

- **fit** 图 알맞다, 적합하다 to be of the right size

- **get dressed** 图 옷을 입다 to put on one's clothes

- **iron** 图 다림질하다 to use an iron to press clothes

- **sew** 图 바느질하다 to make something from cloth using a needle and thread

- **tight** 图 꽉 끼는, 단단히 맨 not moving freely about

- **undress** 图 옷을 벗다 to take off one's clothing

- **wear** 图 착용하다 to have on the body ; to be clothed in

Speech and Language   말과 언어

- **agree** 图 동의하다, 동조하다 to have the same idea or belief or opinion as another person

- **answer** 图 대답하다 what we do when we are asked a question

- **ask** 图 질문하다, 요청하다 to question someone

- **call¹** 图 부르다 to give someone or something a name

- **call²** 图 소리치다 to say something in a loud voice so that it can easily be heard

- **define** 图 정의하다 to give a careful explanation of the meaning of a word

- **meaning** 图 의미 what something tells us ; what we understand from something

- **promise** 图 약속하다 to say in words or in writing that you will do or not do something

- **repeat** 图 반복하다, 되풀이하다 to do or say something again

- **say** 图 말하다 to speak something in words

- **speak** 图 말하다 to know and be able to use a language

- **spell** 图 ~의 철자를 말하다(쓰다) to write or speak the letters of a word

- **talk** 图 이야기하다 to speak about or discuss something for a time

- **tell** 图 말하다 to make something known by speech or writing

- **translate** 图 번역하다 to give the meaning of or to express something in another language

Books and Study 책과 공부

- □ **borrow** 통 빌리다 to use something for a short time and then give it back
- □ **copy** 통 베끼다, 쓰다 to make or do something so that it looks exactly the same as another thing
- □ **fail** 통 실패하다 not to be successful at something
- □ **fill in** 통 공란을 채우다 to complete
- □ **forget** 통 잊다 not to remember something
- □ **know** 통 알고 있다 to have awareness of something in the mind
- □ **learn** 통 배우다 to get knowledge of something through study or experience
- □ **look up** 통 뒤져서 찾다 to get information from a book
- □ **mark** 통 채점하다 to correct a piece of written work
- □ **memorize** 통 암기하다 to learn something so it can be remembered
- □ **pass** 통 합격하다, 통과하다 to be successful in an examination
- □ **practice** 통 연습하다 to do something often until you are good at doing it
- □ **read** 통 읽다 to look at and understand the meaning of something written down
- □ **remember** 통 기억하다 to bring back and keep in memory
- □ **teach** 통 가르치다 to give knowledge of something ; to show how
- □ **write** 통 쓰다 to put down words, sentences, etc., on paper using a pen or pencil

House and Buildings 집과 건물

- □ **live** 통 살다 to have a home or to stay in a home
- □ **paint** 통 페인트 칠하다 to color the outside of things using a liquid made for this purpose
- □ **rent** 통 임대하다 to pay money for the use of something for a certain time
- □ **stay** 통 머무르다, 숙박하다 to remain or to live in a place for a time
- □ **tidy** 통 정리하다 to make something neat and to put it in good order
- □ **use** 통 사용하다 to apply or employ something for a purpose

- [ ] **begin** 동 시작하다 to start
- [ ] **big** 형 큰 large in size ; not small
- [ ] **blow** 동 날리다 to be moved by the wind
- [ ] **close** 형 가까운 near
- [ ] **cold** 형 추운 not giving off any heat
- [ ] **cool** 형 시원한, 서늘한 feeling a little cold
- [ ] **damp** 형 습기찬, 축축한 not completely dry
- [ ] **deep** 형 깊은 going down a long way
- [ ] **dry** 형 건조한, 마른 not wet ; without any water
- [ ] **end** 동 끝나다 to finish
- [ ] **far** 형 (거리가) 먼 a long way
- [ ] **fine** 형 좋은, 화창한 bright clear weather without rain
- [ ] **flat** 형 평평한 smooth with no part going sharply up or down
- [ ] **fresh** 형 신선한 pleasantly cool
- [ ] **get** 동 ~되다, ~이 되다 to become
- [ ] **heavy** 형 무거운 having a lot of weight ; not easy to lift
- [ ] **high** 형 높은 going far upwards
- [ ] **hot** 형 뜨거운, 더운 having a lot of heat
- [ ] **humid** 형 습기찬 containing moisture in the air
- [ ] **level** 형 평탄한 having a flat surface
- [ ] **light** 형 가벼운 not heavy
- [ ] **long** 형 긴 the distance from one end to another
- [ ] **low** 형 낮은 not tall or high
- [ ] **narrow** 형 좁은 of small width compared with its length
- [ ] **nature** 명 자연 the physical world and living things
- [ ] **near** 형 가까운 not far
- [ ] **rain** 명 비 water which falls from the sky

☐ **rough** 형 거친 not smooth, calm or flat

☐ **round** 형 둥근, 원형의 shaped like a circle

☐ **scenery** 명 경치 the natural outdoor things that can be seen in a place

☐ **shallow** 형 얕은 not deep

☐ **shine** 동 빛을 비추다 to give out or give off light

☐ **short** 형 짧은 not long or tall

☐ **small** 형 작은, 소형의 not large or big in size, amount, or degree

☐ **smooth** 형 매끄러운 with an even surface ; not rough

☐ **snow** 동 눈이 오다 the falling from the sky of soft, white, frozen water

☐ **soft** 형 부드러운, 무른 not hard ; easily giving into pressure or weight

☐ **square** 형 사각의, 정사각형의 having four equal sides

☐ **thick** 형 두꺼운 deep from one side or surface to the other

☐ **thin** 형 마른, 야윈 having one side or surface close to the other

☐ **view** 명 광경, 풍경 what we can see of scenery, the landscape, etc.

☐ **warm** 형 따뜻한 having some heat but not hot

☐ **wet** 형 젖은 not dry ; covered with water

☐ **wide** 형 넓은 far from side to side

Time and Measurement 시간과 계량

☐ **afford** 동 ~할 여유가 있다 to have sufficient time for something

☐ **early** 형 이른 before the usual or expected time

☐ **immediate** 형 직접적인, 즉시의 happening next without any delay

☐ **in a hurry** 형 바쁜, 급한 doing something quickly without wasting time

☐ **late** 부 늦게 after the usual or expected time

☐ **long** 형 긴 showing duration or the time taken for something

☐ **on time** 형 시간을 어기지 않고, 정각에 at the expected or correct time

☐ **ready** 형 준비된 prepared

- **spend** 통 소비하다, 시간을 보내다   to take time to do or complete something

- **sudden** 형 돌연한   happening quickly and without warning

- **take** 통 시간이 걸리다   to require a certain amount of time

- **waste** 통 낭비하다   not to make good use of time

Grammar words   문법 용어들

- **a bit** 부 약간   a little

- **a few** 형 적은 수의, 약간의   a small number

- **a little** 형 적은   small in amount or size

- **a lot of** 형 많은 (복수=lots of)   a large amount of

- **about** 부 대략   nearly

- **all** 형 모두   the whole of ; every one of

- **almost** 부 거의, 하마터면   nearly

- **another** 대 다른 것   one more of the same

- **any** 대 어떤 것   one, no matter which one

- **bit** 명 조각, 부스러기   a small piece of something

- **both** 형 둘 다   the two ; the one and the other

- **each** 형 각각   every one of two or more

- **either¹** 형 (둘 중의) 어느 한 편의 (부분 부정)   one or the other

- **either²** 부 ~도 또한, 마찬가지로(부정문 다음에 동의)   after negative statements meaning not also

- **enough** 형 충분한   as much as is needed or necessary

- **entire** 형 전체의   the whole ; all

- **extra** 형 여분의   more than what is needed or usual

- **few** 형 거의 없는(부정)   not many

- **group** 명 집단, 모임   several things or people placed together

- **hardly** 부 거의 ~아니다   almost not

- **less** 부 보다 적게   a smaller amount of something

□ **many** 혱 많은(셀 수 있는 명사 앞) a great number of

□ **more** 혱 더 많은 a further or greater amount of something

□ **most** 혱 대부분 nearly all of

□ **much** 혱 많은(셀 수 없는 명사 앞) a great amount or degree of

□ **neither** 혱 어느 쪽도 ~아닌(전체 부정) not one nor the other

□ **none** 대 아무도 ~않다 not one ; not any of

□ **only** 혱 오직 this or these and no other

□ **other** 혱 다른 the one that remains from two or more

□ **part** 몡 부분 some, but not the whole of something

□ **piece** 몡 조각 a part of something

□ **plenty** 몡 많음, 다량 a full supply, as much as is wanted

□ **quite** 閉 매우, 꽤 to some degree

□ **several** 혱 몇 개의 more than two of but not many

□ **such** 혱 그러한(명사 앞) to such a degree

□ **so** 閉 아주, 매우(형용사 앞) to such a degree

□ **some** 혱 약간의 (의문문에서는 any) a certain amount or number of

□ **the rest** 몡 나머지 what remains

□ **together** 閉 함께 with another person or other people

□ **too** 閉 너무 to a greater degree than is wanted

□ **very** 閉 매우 to a great degree

□ **well** 閉 잘, 훌륭하게 in a good or suitable manner

□ **whole** 혱 전체의 all of something

to have strong feelings of **warmth** and **kindness** for someone.

not polite and not showing good manners.
not overweight ; attractively thin.
having a lot of money and possessions.

▶ INDEX

o place something under the ground and cover it with earth
not long or tall.
not beautiful or handsome ; not nice to look at.
having a good appearance.

VIVA 영단어 1

2007년 4월 5일 개정판 1쇄 인쇄
2007년 4월 10일 개정판 1쇄 발행

저자 SY 영어 리서치 / **펴낸이** 정정례 / **펴낸곳** 삼영서관
주소 서울 동대문구 답십리 3동 645-8 / **전화** 02) 2242-3668 / **팩스** 02) 2242-3669
Homepage : www.sysk.kr, www.sysk.co.kr / **E-mail** : sysk@paran.com
등록일 1978년 9월 18일 / **등록번호** 제 1-261호

Korean Edition ⓒ Sam Young Publishing Co., 2007
ISBN 978-89-7318-301-2 14740
ISBN 978-89-7318-300-5 (세트)

책값 8,500원
(Set 가격 13,500원 : 책＋Tape 3개 포함)

■ 파본은 교환하여 드립니다.